华南师范大学教育名家系列文集

丛书主编 扈中平 李盛兵
丛书副主编 曾文婕 刘磊明

李锡槐教育文集

郑 航 雷 丹 主编

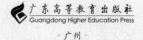

广东高等教育出版社
Guangdong Higher Education Press
·广州·

图书在版编目（CIP）数据

李锡槐教育文集/郑航，雷丹主编. —广州：广东高等教育出版社，2025.5
（华南师范大学教育名家系列文集）
ISBN 978 – 7 – 5361 – 7717 – 8

Ⅰ. G4 – 53

中国国家版本馆 CIP 数据核字第 2024V8M768 号

书　　名　李锡槐教育文集
　　　　　LI XIHUAI JIAOYU WENJI
出版发行　广东高等教育出版社
　　　　　地址：广州市天河区林和西横路
　　　　　邮政编码：510500　电话：（020）87553335
　　　　　http://www.gdgjs.com.cn
印　　刷　佛山市浩文彩色印刷有限公司
开　　本　787 毫米 × 1 092 毫米　1/16
印　　张　11.5
字　　数　219 千
版　　次　2025 年 5 月第 1 版
印　　次　2025 年 5 月第 1 次印刷
定　　价　42.00 元

如发现印装质量问题，请直接与印刷厂联系调换。

总序

李盛兵

历史是最好的清醒剂。铭记历史，才能开创未来。编写这套教育名家系列文集，不仅是为了庆祝华南师范大学90周年华诞，也是为了纪念对国家教育科学和学校教育学科的发展做出贡献的先贤们。

90年来，华南师范大学从无到有，已成为我国"双一流"建设大学，成为我国教育强国建设的重要组成部分。1933年勤勤大学建立，设立商学院、工学院和师范学院，后者是华南师范大学的前身，林砺儒先生任院长。4年后勤勤大学改组，其师范学院独立设置为广东省立教育学院，后更名为广东省立文理学院，主要办理师范教育，培养中等教育师资，林砺儒先生任校长。由于高举师范教育的大旗，坚持办学的革命性和进步性，文理学院被称为"小延安"。1952年院系调整，在广东省文理学院的基础上，并入中山大学师范学院、华南联大教育系、南方大学俄语系、岭南大学教育系、海南师范学院、南昌大学师范部地理专修科、广西大学教育系、湖南大学史地系地理专修科，九脉归一成立华南师范学院，师资力量不断壮大，为南方师范教育重镇。1982年，华南师范学院更名为华南师范大学，1996年忝列国家"211工程"建设大学，2013年又转为"双一流"建设大学，进入国家一流大学建设行列，实现了华南师范大学几代办学人的理想。

与大学的快速、高水平发展相比，教育系、教育科学学院的发展更加出色，学校教育学科不仅是广东省的龙头学科，在全国也属优势学科。1935年教育系建立，1952年合并后的教育系名家荟萃，教授就有二十多人，实力超群。1999年实体性合并教育系、心理学系、教育科学研究所、课程教材所和高等教育研究室，成立教育科学学院，实现了教育学科自1952年来的第一次整合，开启了跨越式发展的新征程。教育学原理专业于2000年获批博士学位授予权，2003年获批教育学一级学科博士学位授予权及博士后流动站；教育科学学院于2009年成为教育部首批教育博士专业学位研究生培养试点单位，2010年成为教育部专业学位研究生教育综合改革试点单位；教育学一级学科于2013年获评广东省重点攀峰学科，2015年入选广东省高水平大学重点建设学科群"面向教育现代化重大需求的教育学科群"，2018年入选广东省"世界一流学科建设"学科，2022年成为广东省"冲补强"高峰学科。教育学科在教育部学科评估中位列A类层次，在2021、2022年度软科学科排名中均居前5%。教育科学学院已经建成高水平的研究型学院，在重大平台、重大课题、重大奖项和高层次人才上都实现了突破，并呈现出继续向好的势头。学院和大学的发展，离不开一批批教育名家和优秀教师的汇聚、努力和付出。自教育系建立以来，林砺儒、高觉敷、罗浚、汪德亮、叶佩华、朱勃、杨荣春、邹有华、周德昌、李锡槐、陈汉才、江月孙等众多名家、名师先后执教于此。教育学科亦因这些教育学名家而散发出生机和活力。正是这些教育名家，带领着教育学科向更高水平发展。这些教育名家是学院发展、教师发展、学生发展厚重的精神财富，需要进一步铭记、学习与发扬。习近平总书记在2023年的教师节指出："教师群体中涌现出一批教育家和优秀教师，他们具有心有大我、至诚报国的理想信念，言为士则、行为世范的道德情操，启智润心、因材施教的育人智慧，勤学笃行、求是创新的躬耕态度，乐教爱生、甘于奉献的仁爱之心，胸怀天下、以文化人的弘道追求，展现了中国特有的教育家精神。"为了更好地弘扬和践行学院教育家的精神，教育科学学院组织编写"华南师范大学教育名家系列文集"，选择林砺儒、汪德亮、叶佩华、朱勃、杨荣春、邹有华、周德昌、李锡槐、陈汉才和江月孙十位先生的论文和著作节选，展现先生们的教育学术精神、思想和创造，泽被后学，增强年轻学者和学生的学术自信与"躬耕教坛、强国有我"的志向和抱负。这十位教育名家特点鲜明，20世纪初出生的先生大都留学日本、美国，或毕业于中央大学、中山大学、北京高师等；20世纪50年代后出生的学者没有出国留学，大都毕业于中山大学、华南师范学院。他们爱国、爱人民、爱教育，献身教育，潜心研究，在各自的研究领域独树一帜，在国内教育界影响较大，如林砺儒的师范教育思想和中等教育思想，叶佩华的教育测量统计理论，朱勃的比较教育思想，邹有华的教学论思想等。

期待教育科学学院能涌现出更多的教育名家以及具有教育家精神的学者、教师，未来这个系列文集会编得越来越丰富、越来越精深。

2023年11月1日

前言

　　李锡槐，男，1928 年 11 月生，广东肇庆人。1953 年，华南师范学院教育系本科毕业。1955 年，北京师范大学马列主义研究班毕业。从 1953 年起先后在华南师范大学政治教育系、教育系、教育科学研究所从事教学及研究工作。曾任教育系副主任、教育科学研究所副所长、华南师范大学教育学教授、教育基本理论专业硕士研究生导师组组长。曾兼任全国教育科学规划领导小组德育学科组成员，中国教育学会理事，全国教育学研究会德育专业委员会副主任委员，广东省社会科学联合会理事，广东省教育学会副会长，等等。

　　李锡槐的一生主要在大学工作，多年的教育教学经历使他形成了自己有关理想教育的思想和观点。他认为，理想是人的世界观的起点，是人们从事各种活动的强有力的内在动机，可以起到统帅人们的道德行为、学习活动和体力锻炼的重要作用。理想与科学信仰密不可分，一个人远大理想与科学信仰结合得越早，他追求真理的自觉性就越高，他的成才也越快。青少年是理想最活跃和寻求实现理想道路最积极的时期，这是长身体长知识阶段的必然现象。然而，中小学生在理想方面确实不同程度地存在着有理想而不远大、有信仰而不科学、盲目厌弃学习政治知识等问题，因此，亟须对学生进行远大理想教育。

　　李锡槐深刻认识到远大理想不是喊口号、背书本、贴标签所能造就，它是按学生理想形成的规律，进行教育的产物。学生远大理想的培养应该包括三个方面：一是，掌握学生理想发展的内在结构与过程，开展理想教育。学生理想结构形成的过程，大致经历理想发展的准备阶段、生活理想阶段、职业理想出现和开始发展阶段、社会理想发展阶段，对此结构和过程，教育工作者必须加以研究，以便把理想教育建立在科学的基础上。二是，运用学生理想信仰发展的外部条件，以外因促内因。影响学生理想发展的外部客观条件主要有：学校与家庭的因素、自然条件的变化与自然科学的发展对学生理想发展的影响、社会条件变化及社会科学发展对学生理想的影响。对于这些因素，教师应注意在学生中发现思想苗头，及时进行教育。三是，把握促成理想信仰发展的两个要素——情感体验与哲理认识。在学生的理想、信仰的形成与发展过程中，情感触动的作用在于它是理想与信仰的必要触媒，学习哲理的作用在于致使学生养成理论思维的习惯，教育须促进学生情感体验与哲理认识的统一。

基于社会理想教育的历史回顾和经验总结，李锡槐论述了社会理想教育的几种开端模式，包括以马克思主义理论知识教育为开端的社会理想教育模式、以情感教育为开端的社会理想教育模式、以良好心理素质教育为开端的社会理想教育模式、以生活理想和职业理想教育为开端的社会理想教育模式，以期实现学生对社会理想认识的理性升华，把社会主义共同理想内化为学生的个体理想；激发学生的社会情感，从而促使学生的社会情感向社会理想升华；培养学生良好的心理素质，把社会理想内化为学生个体的理想并体现在行动上；立足于生活理想或职业理想的基础层次，从低到高地引导到社会理想这个层次上来。以社会理想教育目标作为评估目标制定了涵盖政治思想倾向、人生价值观念、个性心理品质、学习活动表现四个方面内容的中学生社会理想评估指标体系。

学校德育是李锡槐着力最著名的领域之一，在他的论著中，有相当篇幅是论述这一问题的。他认为，学校德育的任务是以时代精神教育新的一代。研究学校德育，探索学校德育改革之途，不可不研究教育对象所处时代，不可不研究时代精神。在他看来，时代精神可具体化为：振兴中华的强烈愿望和献身精神，社会主义的坚定信念，为人民服务的崇高风格；不困于物欲、不惑于金钱的高尚品质；勇于改革，开拓进取，实事求是，讲究效益的优良素质。学校的德育就要宣传这种精神，贯彻这种精神，并以这种精神去改革学校的德育工作。同时，他还清醒地认识到，要适应时代的发展和社会的变革，则须进行学校德育改革。制定德育目标是学校德育首先要解决的重要问题。他认为，制定学校德育目标须结合地区特点和学生思想，须适应对外开放，对内搞活经济的政策，须按照成才要求安排德育序列，考虑德育方法。他提出，要把学校德育纳入整个社会大系统，形成学校德育的新格局，必须了解时代特点、时代精神，以时代精神教育学生，改变过去德育脱离时代的旧格局。同时，必须优化社会环境，优化校园环境，形成教育合力，改变过去学校德育只由学校抓的旧格局；必须提高学生自我教育、自我保护能力，改变过去学生在思想教育过程中处于被动地位的旧格局。

就人才素质而言，李锡槐认为，适应社会主义商品经济发展的开拓型人才应具有如下主要思想素质：第一，有远大理想，有坚定信仰，有预见能力；第二，善于处理竞争与协作的关系、个人与集体的关系，具有纪律观念；第三，有勤奋学习、锐意进取、艰苦奋斗的精神；第四，有综合思维、创造思维的能力；第五，有自我批评、自我激励的能力。现代人需具有同诸如民族关系、公私关系、人我关系等关系和人将要碰到诸如民族认同态度、民族凝聚力认识、社会制度选择等问题相适应的良好的全面素质，包括政治素质、思想素质、品德素质、个性心理素质。他揭示了传统文化培养传统人和现代文化培养现代人的认知片面，提出了优秀的传统文化和民族精神能促进现代化造就现代人的重要观点。在民族精神与现代公民教育的关系上，他提出各国应在民族精神上相互借鉴，以利进一步提高本国公民教育的质量。在深化学校德育改革的问题上，他认为，德育目标要适应现阶段国情和任务，贯彻生产力标准的精神，学生的思想素质要向发展有计划的商品经济，同建设社会主义民主政治相联系，德育工作要适应基础教育的变革，学校德育要适应现阶段学生的心理变化。为便于教育工作有所遵循，他提出了涵盖理想信念、道德品质和作风素质三个方面的德育目标结构的中学思想政治道德教育大纲的设想，并依据学校德育目标结构概括学生主要特点，结合时代特点，制定学校德育目标。

李锡槐的学术成就主要集中体现在学校德育的理论与实践的结合方面，成为20世纪80—90年代在国内具有一定影响的德育专家和代表人物。一是，主持并完成了国家教委"六五"德育方面的全国重点课题的研究任务，提出了《中学德育大纲设想》并写成专著出版，对中学德育目标系列、途径系列作了较充分论证，为克服德育工作简单化、成人化、一般化提供了理论武器。这一成果成为国家教委制定《中学德育大纲》的一份主要依据材料。二是，在全国较早系统地提出对学生进行理想教育的理论。1981年初，率先发表了社会理想教育的论文。承担了全国教育科学"七五"规划立项重点课题"我国开放城市中学生社会理想的形成与教育研究"的研究，进一步把理想教育深化，通过实验研究提出了系统思路，并写成了专著，提出了对各类开放城市经济政治文化特点的认识及学校德育如何与之相适应的独立见解。三是，1985年起在全国较早地提出了"商品经济与学校德育"的新命题，并结合广东实际，进行了较深入系统的研究，发表了一系列文章，提出了正确认识商品经济影响，加强学校德育的对策性建议，在全国引起了较大影响。李锡槐的学术特色在于他把德育理论的研究与实验、实践紧密结合起来，其研究成果极富广东特色，但又体现了时代精神，具有普通意义。他经常深入到中小学校，进行调查研究，指导教育实验，为广东培养了一大批科研型中小学德育骨干校长和教师。1988年，李锡槐教授被国家教委评为"全国中小学德育先进工作者"。

李锡槐主要教育论著有：《教育基本理论研究》《中学德育大纲设想》《开创中学德育新格局》《中学德育大纲的实施》《新时期德育的认识与实践》《教育哲学·道德论与教育》《社会理想教育新探》等。曾在《教育研究》《人民教育》《华南师范大学学报》《教育论丛》等期刊上发表学术论文40余篇，获奖的论文有：《学生的理想结构与共产主义理想教育》于1984年获《广东教育》优秀论文奖；《人才、德育、教育思想》于1986年获省教育学会优秀论文奖，《德育方法若干问题》于1993年5月获中共广东省委宣传部、广东省新闻出版局、广东省科学技术委员会、广东省出版工作者协会、广东省期刊出版协会联合举办的期刊优秀作品评选二等奖。

李锡槐一生忠诚于人民的教育事业，精心教学，诚心育人，专心科研，甘于奉献，为我国教育理论研究和教育事业的发展做出了重要贡献。他为人诚恳，严于律己，宽以待人，以共产主义道德要求自己，道德人格高尚，值得后人学习。他的德育思想，为中国教育史留下了一笔宝贵的精神财富。

编　者
2023年3月

编者的话

一、本书收录李锡槐教授 20 世纪八十到九十年代的代表性论文和相关著作的节选，共计 20 篇。内容主要涉及学校德育理论与实践相结合方面的内容。

二、本书各篇篇名均采用原标题。

三、原著者置于篇末的注释，本书编者将其改为脚注形式。

四、原印本中的漏字、错别字，经编者校勘后均一一订正。

目 录

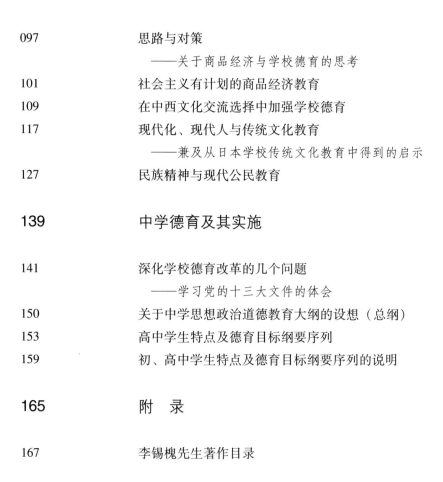

论社会理想教育

中小学理想教育浅识

一、 要把理想教育提高到学校德育的核心地位

理想教育今天已被实践提到中小学德育中的重要地位。这是理所当然的，因为无论理论或实际，都证明要把理想教育作为学校德育的核心。

从哲学看，理想是人的世界观的起点，理想的持续追求，必须导致某种信仰。信仰是一种深信不疑的信念体系，理想与信仰的结合就为人的世界观打下相对稳定的基础。一个人远大理想与科学信仰结合得越早，他追求真理的自觉性就越高，他的成才也越快。遇罗克同志还在二十三岁时就已显露出他是一位思想解放的先驱，就因为他从小学到初中阶段就有了明确的社会主义理想，到了高中阶段就有了比较坚定的马列主义信仰。汕头市一个从小学一年级起就一手抓理想一手抓自学能力培养的五年级毕业班，1979年全班都升入了初中，是全市升学率最高的班，学生基本上是品学兼优的。这里也可以看到理想教育在出好人才、多出人才中的作用。

心理学表明，理想是人们所向往的目标，因此，它是人们从事各种活动的强有力的内在动机。理想越远大，这种内在动机就越持

久，越不容易受干扰；相反，理想越短浅，越狭隘，这种动机就越短暂，越容易把人引入歧途。

青少年时期是理想最活跃和寻求实现理想道路最积极的时期，这是长身体长知识阶段的必然现象。"长"字意味着发展向上，精力充沛；意味着求知欲旺盛，有自信心；也意味着不满足于现状，力图有所作为；还意味着可塑性很大。但"长"字的另一方面也有消极的含意，就是稚嫩、未成熟、情感脆弱，知识经验不足和无所顾忌……"长"字这个两面性的特点就说明，在现实复杂环境中，青少年时期可能奠下各式各样理想的根基：既可能是在革命前辈的思想鼓舞下的"为中华崛起而读书"，也可能是封建意识教育下的为光宗耀祖而学习；又可能是资产阶级意识腐蚀下的奢侈淫逸的目标。这就告诉我们，如果对青少年学生放松了远大理想的教育，不以它去统帅道德行为、学习活动和体力锻炼，我们的工作将可能犯很大的错误。

现实的情况已告诉我们，理想信仰问题是经历十年浩劫的今天的一代青年积极思考和探索的问题，也是他们一些人感到苦恼和茫然的问题。他们对这个问题的认识态度又已经影响到比他们年轻的、今天的中小学生。如果学校不进行理想教育，那将是一种失职。

应该指出，经历了四年拨乱反正的教育和有了社会主义四个现代化建设成效的切身感受，今天中小学生的理想从总体看是积极的：普遍能把学习同四个现代化结合起来，无论中学和小学生在问卷调查中，在回答为什么学习时，都说为了参加四个现代化建设；接触事物较多，思想活跃，初二以上学生，普遍对社会问题开始思考，这种思考是通向真理的桥梁。（近年经过许多事实对比，特别是看到外逃青年在外的遭遇，他们中一些人已逐步体会到社会主义的优越性。）

但是也必须看到，中小学生中在理想方面确实不同程度地存在一些值得重视的问题。

有理想而不远大，这是问题之一。人虽然有其生物的属性，但本质特征是社会关系的总和。考虑理想如果只从食、色和自身安全等需要出发或只从个人的生活享受出发，而没有结合他人的利益和社会的需要，这种理想不能说是高级的理想。然而我们现在的中小学生相当多的人是处在这样的状态。他们虽然也把学习和未来职业同四个现代化联系起来，但显然没有想到这个联系要求他们分担什么困难，付出什么代价，具备什么思想修养。

有信仰而不科学，这是问题之二。有史以来人类信仰繁多，但归根到底不外两类，即合乎社会发展规律的信仰和不合社会发展规律的信仰，一句话：科学的信仰与不科学的信仰。科学的信仰能把人的理想变成现实，即使它不能实现于当前，也能成功于以后。不科学的信仰就会把人的理想化为幻想，甚至把理想导入深渊。

现在的中小学生不能说没有信仰，崇拜资本主义物质文明，热衷"实惠"，欣赏"主观为自我，客观为别人"的主张，有人还谈神道鬼。这些都是信仰的具体表现。但这是不科学的信仰。理想如果同不科学的信仰结合，就不能成为远大的理想。

分不清四项基本原则同实际问题的界限，而又盲目厌弃学习政治知识，这是问题之三。

此外还有一些其他问题。

中小学生理想情况的上述矛盾现状，说明学校更要自觉地有计划地把理想教育放上德育的核心议程。《学生守则》教育，品质教育当然是德育不可忽视的重要内容，过去蔑之为"小德"而不屑一顾是错误的。但如果今天孤立地抓《学生守则》教育或机械地进行行为训练，而不把它们引向远大理想与科学信仰的目标，同样也是不对的。

二、 探索理想教育规律， 开展理想教育

远大理想不是喊口号、背书本、贴标签所能造就，它是按学生理想形成的规律，进行教育的产物。反映规律当然不是轻而易举的事情，它是长期有目的有计划的调查，特别是开展科学实验的结果。而这方面目前全国才刚刚开始。为了参与这个问题的探索研究，这里提出点滴认识，就教于各位同志。

掌握学生理想发展的内在结构与过程，开展理想教育。学生道德发展是有个客观内在过程的。国外对学生道德发展的过程及其教育方法的研究很为重视。有的国家早已开始分阶段对学生进行道德教育。如日本的小学就把道德教育分为四大类二十八项，每项又按年级拟定不同的主题和目标。美国哈佛大学也成立了道德发展与教育研究中心，该中心主任劳伦斯·科尔伯格已提出了他的研究成果——"道德发展阶段论"。我国中小学生理想发展的内在过程如何？怎样进行教育？应该提上教育研究的日程，使我们的工作建立在科学自觉性的基础上。我国中小学生理想的发展与教育，是否可以分为如下四个阶段？谨提出，供讨论。

1. 理想发展的准备阶段

其特点是：学生把家长和教师的要求当作自己的理想。这阶段学生把教师和家长视为"权威"人物，他们说谁是好人，谁是坏人，将来要做怎样的人，不要做怎样的人，学生就"依样画葫芦"。这是属于简单积累是非观念素材的理想

发展准备阶段。这阶段，教师和家长要充分利用自己在学生心目中的地位，通过讲故事、做游戏、组织文娱活动等形式，多给学生积累一些培养理想的积极材料。

2. 生活理想（指对吃喝耍乐的向往）阶段

学生最早独立思考的理想是同吃喝耍乐以及他在孩子群中的"英雄"地位等相联系的。是从自己在活动中产生的兴趣去憧憬理想的。如觉得乘风破浪很惬意，就想将来当个海员；觉得戴上红领巾很神气或队活动很有趣，就想加入少先队；看见科技活动像魔术一样神奇，就想当个科学家……由于活动能力的发展，独立阅读能力的提高，社会影响已明显渗入，知识面已明显扩大，这时，教师和家长已不是学生的"绝对权威"，他们的意见要同学生自身活动的感受对上号，才能起作用。因此，这阶段的教育工作，要求结合学生的兴趣，在他们的生活理想中渗入社会理想的内容。

3. 职业理想（对未来工作部门和种类的向往）出现和开始发展阶段

随着兴趣的发展，学生逐步培养起某种爱好。或爱某种艺术，或爱某门学科、某种工作。在这基础上逐渐产生某种职业的向往，而随着年龄渐长，人群的议论也影响及这个过程。如学生当"小先生"受到表扬，又深为教师对自己的关怀所感动，而同学对教师又很尊敬，学生就会对教师的职业产生一定程度的向往。又如由于某科常得满分，教师同学常加称赞，就会使他想将来在这方面发展。这阶段的特点是：理想多从本人的爱好和感受出发，多考虑个人的发展，而自己对社会的责任则很少认识。与此相应，他的学习目的，也多从个人着眼。

这阶段的理想教育，要有意识地把信仰的知识提上教育日程。用科学的信仰帮助学生从职业理想过渡到正确的社会理想，使他们从社会主义共产主义的前途去考虑将来的职业。如果只图工作易做或只从学校升学率设想，以入重点中学、升大学为"远大"理想的体现，这对学生理想的发展不会有什么帮助，甚至会给有些学生已有的"实惠"理想戴上桂冠。

4. 社会理想（对社会制度社会关系的向往）发展阶段

当学生的抽象思维能力发展到一定水平，又有了一定的社会经验，就会自觉不自觉地进入社会理想的阶段，这往往同个人职业理想相联系，比如当知道职业往往不是按个人愿望选择时，就会从人与人的关系去考虑理想。这阶段的突出特点是：信仰已经出现。或者是在学校有意识的教育下出现，或者是在自发势力影响下产生。信仰内容的不同，理想就有性质的差异，甚至会种下两种对立人生观的根苗。

马列主义哲学知识的教育在本阶段有重大意义，它不仅可以帮助学生用科学信仰去追求理想、建立理想，而且可以帮助学生养成理论思维的习惯去发展理想。对此，下文还将论及，这里从略。

中小学生理想发展的这四个阶段，不是截然分割的，而是交错发展的。新阶段的进入并非上阶段的消失，而是上阶段的发展和逐步成熟。待到信仰产生，就在信仰指导下辩证地结合在一起。哪个阶段相当于哪个年级？不能一概而论，城市学校与农村学校不同，重点学校与非重点学校有别，同一班级的学生也可能有很大的差异。这同学生文化水平的高低，抽象思维发展的快慢，社会实践的深浅以及家庭教育的情况密切相关。在城市的一般学校，能否这样看：小学一、二年级学生多处于第一阶段，三、四年级较多是第二阶段，五年级至初中二年级较多在第三阶段水平，而初三以上则进入第四阶段了。

这是个正在探索试验的问题。提出它，不过想说明要加强理想教育的科学性，更自觉地加速学生远大理想的成长。

运用学生理想信仰发展的外部条件，以外因促内因。内因是事物发展变化的依据，外因是发展变化的条件，促使学生理想发展，除了了解其内在发展过程，还必须运用其外部条件。

影响学生理想发展的外部客观条件很多，但概括起来主要是三大类：一是，学校与家庭的因素；二是，自然条件的变化与自然科学的发展；三是，社会条件的变化与社会科学的发展。

第一类包括家长、教师对待本职的态度与人生态度；各科教学内容及其讲解分析；校内或明或暗流传的书报小说和有组织的文艺科技活动；等等。

这里要特别提一下教师和家长的态度。教师和家长是学生理想的活教材，他们是否热爱本职、精益求精、秉公办事，是否有献身事业精神，是否对学生循循善诱等，对学生理想成长的方向与速缓有直接的关系。今天中小学许多教师和学生家长都是 20 世纪 50 年代的青年，他们许多人对自己年青时代有美好的引以为豪的回忆，而对今天的青少年，包括自己的孩子，往往感叹系之。其实两代青少年各有其成长的特点。他们自己的成长也有其欠缺的地方。十年浩劫也使他们的心灵受到创伤，这种创伤的后果已反映在一些人对孩子理想前途教育的消极态度上。对家长思想的研究学校要列入日程，我们已经看到一些学生的理想信仰反映了家长的影子。教育理论部门是否专设一门"家长学"去帮助学校解决这个问题？家长和教师如果理想信仰问题也未解决，就很难在这个问题上教育好学生，事实就是这样明摆着。

自然条件的变化与自然科学的发展对学生理想发展的影响往往为一些人所忽视，其实这种影响历来就有，而且力量很强。如哥伦布发现新大陆诱发了许多青少年的探索精神，太空人登月成功激发了一些青少年的进取思想。然而这方面的影响既可能是积极的，也可能是消极的。巨大陨星坠落可能激起学生研究自然奥秘的兴趣，也可能加深一些学生的宿命论思想；电脑的发明使用，既可使许多学生思路开阔，认识知识的力量，也可使一些人产生过按电钮不劳动生活的幻想。

当前值得重视的是发达资本主义国家科技的高度发展及其带来的物质文明。有人从此而得到奋发图强的动力，也有人在此得出了社会主义不如资本主义的误断。教师要主动关心自然条件的变化及自然科学发展的动向，从中探求其社会意义，积极引导学生去得出正确的结论。社会条件变化及社会科学发展对学生理想的影响是比较直接的。学校必须看到近二十年来无论资本主义世界或社会主义社会都经历着复杂的发展。资本主义社会固然存在它无法克服的根本矛盾，但也存在虽有危机却还不至旦夕灭亡甚至生产还能有所发展的暂时条件。另方面，虽然社会主义制度取代资本主义制度的必然性越来越为历史所证明，但我国社会主义还在实践中，内部还有许多矛盾，这些矛盾处理不好，就会使制度的优越性发挥不出来，甚至还会出现暂时的反复。

社会的发展变化必然会引起社会科学的探索和讨论。

所有这些情况对于欠缺理论功底，又少实践经验，更无思想方法训练的现阶段中小学生，很容易造成误解，只见树木不见森林，只看现象不究本质，从而导致理想信仰上的糊涂观念。这就要求学校要打思想教育的主动仗，首先要教师把有关重要问题弄清楚，并注意在学生中发现思想苗头，及时进行教育。许多优秀教师就是这样做的。洛阳三十中优秀教师阎魁吾，发现学生说"管他政治好不好，只要高考分数高"原来同对报上发表的毛主席给在苏联学习的毛岸英的信认识不全面有关，就根据自己的体会，对这封信作历史的全面的分析，使学生口服心服，从而引导他们走上又红又专的方向。

把握促成理想信仰发展的两个要素——情感体验与哲理认识。人们的理想、信仰的形成与发展：固然是长期实践与教育、内部过程与外部条件相互作用的结果，但在这个过程中情感的触动与哲理的帮助，显然有特殊的作用。

情感触动的作用就在于它是理想与信仰的必要触媒。对此，列宁说得很彻底，他说："如果人没有情感，则过去、现在和将来也永远不会有对真理的追求。"

情感的这个作用，有广泛的事实可以作证：

鲁迅先生在人生理想信仰道路上三次转折（这是笔者的看法）都是以三次强烈的情感冲击作媒介。第一次是他父亲死于庸医之手，使他产生学医济世之念；第二次是在日本学医期间，一次在影片上看到一大群中国百姓竟以欣赏自己的同胞被压迫者砍头为乐事，使他痛感救国之根本不在医，而在于唤醒民众，于是他弃医从文；第三次是一九二七年看到蒋介石制造的"四一二"惨案，自己的学生横遭惨死，又发现原来青年人也不是个个都是好的，也有出卖灵魂的人。这就使他倍觉伤痛。从此他就阅读和学习马克思主义，结果纠正了信进化论的偏颇，相信了阶级论。

雷锋同志的共产主义理想和马列主义信仰是从对谭家地主的强烈憎恨开始的，从仇恨谭家地主逐步被引导到仇恨私有制，从感谢乡人民政府、解放军连长发展到感谢共产党，最后形成了共产主义的世界观。

我国许多革命先烈"砍头不要紧，只要主义真"的坚定信仰，最初都是从痛恨不合理的现实开始的。许多科学家发愤献身科学也往往是由于民族自尊心受到侮辱而激发起来的。

诸如此类的例子，说明了一个道理：促使人们形成远大理想和科学信仰，推动信仰或理想发展，必须置他们于现实矛盾之中，给以情感的体验或激动，激起他的责任感或事业心。学生的理想与信仰的培育也是同样道理。我国中小学优秀班主任工作经验千条万条，最后是归结为四句话："动之以情，晓之以理，导之以行，持之以恒"。他们把动之以情放在第一位不是偶然的，没有情感的触动就很难叩开学生的心扉，从而也难听进我们讲的道理。因此，对学习好却只考虑生活职业前途，尚文明而缺社会主义壮志的学生，必须在他那"平静"的心境里激起理想的波澜，使其在矛盾的刺激下产生对祖国前途、人类理想的责任心。对那些学习不好却显得性格好强，精神空虚而大谈"哥们"义气的受害学生，更要热情关怀、亲切开导，以去掉他的破罐破摔的情绪和自尊、自卑混合的心境，抬起头来走路。

"史无前例"的浩劫的一个严重后果就是使今天二三十岁的青年一代不少人对社会主义理想动摇和对马列主义信仰怀疑，这里直接原因之一就是他们的"崇高感情"与"豪情壮志"受到了伤害和嘲弄，于是他们悔恨、迷惑、赌气和伤心。这些青年的想法，还会在现实困难的推波助澜下，通过各种渠道影响到今天的中小学生，使他们也产生感情上的共鸣。因此，对待今天的青少年必须从各方面给予亲切的关心，使他们感到党的爱抚与温暖，体会到社会主义的优越性，从而促使他们远大理想与科学信仰的成长。

人们从生活、职业理想转上社会理想，又从理想导致信仰，再用信仰指导理想，必须有抽象思维的帮助，这种抽象的思维就是哲学思维。因此，要使学生形成科学的信仰，必须给他们辩证唯物主义世界观的知识，让他们用这些知识对实践的结果进行分析，从而得出正确的结论。优秀班主任经验中说的"晓之以理"，说到底就是晓以辩证唯物主义世界观的哲理。而马列主义哲学则是青少年们进行理想探索的明灯。有些青年以为"主观为自我，客观为别人"是至理名言，马列主义哲理就会告诉他们此路不通。要使自己美好，别人也美好，就得改善社会关系，就得消灭私有制到私有观念。社会关系不改善，不仅谈不上"为别人"，就是"为自我"也将成为泡影。

学习哲理还可使学生养成理论思维的习惯。理论思维是十分重要的思维，学生有了理论思维的习惯，就能从许多个别的事物中找联系，从复杂现象中找本质，从各种判断中找价值，就可大大减少片面性与迷信，从而在复杂的环境中不易迷向，比较经得起动乱。今天在国际交往繁多，各种主义纷至沓来的情况下，使学生养成理论思维的习惯，其意义更是不言自明。

马克思列宁主义哲理对中小学生远大理想科学信仰形成的重大作用，在思想解放先驱者遇罗克同志成长的道路上，得到有说服力的证明。遇罗克成长的最大特点，就是他在身处逆境，不断受到打击的情况下，刻苦学习和逐步掌握马克思主义。还在初中时期，他的父母就双双被划为右派，但他并不自暴自弃，表示要按革命导师的话去做。一上高中就申请入团，并定下学习计划，每天不看 50 页课外书不睡。他读的书很多很广，其中特别喜欢哲学，反复读过许多中外哲学名著。他说"只有了解每一学派的思想，他选定的信仰才是坚定不移的"。经过分析比较，他得出结论："辩证唯物主义和历史唯物主义是最正确的"，"要坚持共产主义思想体系中的唯物辩证观点，立志做个完人"。

就凭着这样的哲理的支持，他坚持社会主义的理想，坚持马列主义的信仰，在接踵而来的唯成分的打击下，他不但不气馁，还对林彪"四人帮"的倒行逆施，披着马列外衣的荒诞谬论主动出击。最后，当严重的厄运落到头上，他却大义凛然，表示"开始坚强最后还坚强"。为捍卫真理献出了年轻的生命。

遇罗克的成长说明，我们的学校如果主动有计划地对中小学生进行马列主义哲理的教育，我们就可能为培养有远大理想、经得起动乱的人打下良好基础。

马列主义哲学是博大深刻的，但也不是高不可攀的。辩证唯物主义的书本，少年学生虽然不好懂，但有关的哲理甚至小学生也可领会。小学教材中就有不少寓言，这就是学哲学的好材料，问题在于教师的自觉运用。目前许多中小学教师已创造了各种哲理教育的生动形式。比如汕头市东方红第三小学林素珍老师，教学生搜集豪言壮语，学生从三年级起就记下了不少哲学名言，譬如"革命者把希望寄托在创业上，懦夫懒汉却把希望寄托在梦幻中"，"江水碰到礁石，马上跳跃起来，向前勇猛冲击，革命者碰到困难，应更加振奋精神勇往直前"，"一花独秀不是春，百花齐放春满园"，等等。记下这些豪言壮语的好处是：学生是在理解的基础上搜集，因此搜集的过程也是教育的过程；学生以此为座右铭，教师也能因势利导以此要求学生。实践结果，该班的"三好"学生都是搜集豪言壮语最认真的学生。

北京八中陶祖伟老师编《读一点材料，悟一点道理》为补充教材，教辩证唯物主义；广东石龙中学请港澳校友现身说法讲两个制度对比，都是生动的哲理教育形式。

所有这些，都收到了理想教育的良好效果。

中小学理想教育，要探索的问题很多，以上点滴，不过肤浅之见，无非为抛砖引玉，望总结出更多的好经验来，为培养有理想、有道德、有文化、有纪律的一代新人作出贡献。

（原载《教育研究》1981 年第 4 期）

社会理想教育的历史回顾

　　社会理想的产生和发展与各个时期的社会历史条件密切相关。因此，不同历史时期的社会理想教育就有不同的要求和内容，其中既有符合一般规律性的东西，也有反映各个时期社会特点的东西。

　　为了总结历史经验，探讨在我国具体的社会历史条件下对青少年进行社会理想教育的有效途径，有必要对我国社会理想教育的历史作一简略的回顾。限于篇幅，本节主要考察以下四个时期：一是，从中国共产党成立至中华人民共和国成立；二是，中华人民共和国成立后至"文化大革命"前；三是"文化大革命"十年；四是，党的十一届三中全会召开至今。考察的重点是在中国共产党领导下，社会理想教育的目标、内容、方法、途径以及各时期所形成的特点，并探讨其成功的经验及教训，以此作为今日对青少年进行社会理想教育的借鉴。

一、 几个历史时期的社会理想教育

（一）中国共产党成立至中华人民共和国成立时期

　　近代史上的中国，是一个半殖民地半封建的社会。为了实现在中国推翻国外帝国主义势力和国内封建势力而建立独立的民主国家的社会理想，成千上万的仁人志士艰苦奋斗，前赴后继，不怕流血牺牲，但终因没有无产阶级及其政党的正确领导，没有科学的理论作为革命的指导思想而遭到失败，使理想付之东流。

五四运动前后，是中国大变动的历史时期。辛亥革命的夭折以及俄国十月革命的成功，促进了中国人民的觉醒。少数的青年共产主义者如李大钊、陈独秀、毛泽东、周恩来等，从十月革命胜利中受到鼓舞和启示，并接受了马克思主义的世界观。他们担负起宣传马列主义的重任，主办了《新青年》《每周评论》《湘江评论》等刊物，向广大青年和民众传播马列主义的观点和十月革命的经验，提出"走俄国人之路，这就是结论""苏俄的今天，就是我们的明天"。五四运动时期共产主义先驱从思想上、组织上为而后我党的成立以及开展社会理想教育奠定了基础。

1921 年，中国共产党宣告诞生，这是开天辟地的大事件，毛泽东同志指出："从鸦片战争以来，各个革命发展阶段各有若干特点。其中最重要的区别就在于共产党出现以前及其以后。然而就其全体看来，无一不是带了资产阶级民主革命的性质。这种民主革命是为了建立一个在中国历史上所没有过的社会制度，即民主主义的社会制度，这个社会的前身是封建主义的社会（近百年来成为半殖民地半封建的社会），它的后身是社会主义的社会。若问一个共产主义者为什么要首先为了实现资产阶级民主主义的社会制度而斗争，然后再去实现社会主义的社会制度，那答复是：走历史必由之路。"[①]

从党成立的那天起，就坚持向广大民众和青年进行共产主义的理想教育。当时强调运用马列主义作为指导思想，并根据各个不同的时期，把社会主义、共产主义的宣传同民族的命运、国家的前途以及现阶段民主革命的目标联系起来，把宣传党的性质、纲领、任务与反对殖民统治、封建军阀、资产阶级买办的斗争紧密结合，并把这些宣传教育有机地融合到与广大青年切身利益相关的实践中去，从而激发起青年人的革命热情和献身精神，义无反顾地投身到推翻三座大山的革命斗争中去。

这时期的社会理想教育体现了较为明确的目的性、自觉性和有组织性的特点。主要是在党组织的领导下，通过党所领导的人民军队、工会、青年团、妇联、农会、儿童团以及党主办的报纸、电台、进步的文化团体、出版社、杂志编辑部和各类学校，广泛开展宣传教育。特别值得一提的是，那时军队设立了党代表和政治部，"这种制度是中国历史上没有的，靠了这种制度使军队一新其面

---

① 毛泽东. 毛泽东选集：第二卷 [M]. 北京：人民出版社，1991：559.

目"。在艰苦卓绝的长征途中，正是我党坚持向战士们开展思想教育，尤其是共产主义理想的教育，这才从根本上保证了我党、我军战略大转移的任务的最终完成。

1931年以后，在日本帝国主义疯狂侵略下，中华民族面临生死存亡的关头。"工农兵学商，一齐来救亡"，成了时代的主题曲。中国共产党顺应这历史发展的要求，提出了"驱逐日本帝国主义，建立自由平等的新中国"的总目标和总任务，并注意运用各种方式"把这一目的告诉一切军民等"。在青年当中，注意用民族遭侮的事实，启发他们自尊、自主、独立的民族意识，使各方面的青年踊跃参战，抗击日本侵略者；另外，为结成广泛的革命联盟，动员广大青年学生到工厂、乡村、部队以及敌占区去，与工农结成忠实的朋友，争取和说服国统区的人民和青年，使得许多青年毅然走上了抗日救国的道路，纷纷奔赴革命圣地——延安。为了适应革命事业的需要，造就一大批中华民族的脊梁，中国共产党非常重视对他们的培养和教育，在延安开办了十余所大中学校，如陕北公学、鲁迅艺术学院、中国女大、自然科学院、抗日军政大学等等，帮助青年学习马克思主义，并把共产主义的人生观教育摆到十分突出的位置。1937年10月23日，毛泽东同志为陕北公学题词中写道："要造就一大批人，……，这些人具有政治的远见，这些人充满斗争精神和牺牲精神。这些人是胸怀坦白的、忠诚的、积极的和正直的。这些人不谋私利，唯一的为着民族与社会的解放"。当时在边区学校中，就是旗帜鲜明地倡导这种不畏牺牲、忘我为公的无产阶级人生观。

这时期的社会理想教育主要通过以下途径进行：

（1）系统理论灌输。边区学校的学员都要学习马列主义的理论，认识社会发展的规律。此外，毛泽东、周恩来、刘少奇等中央领导也经常给学员讲演、作报告。毛泽东的《青年运动的方向》《新民主主义论》等文章和讲话、周恩来的《现阶段青年运动的性质和任务》、刘少奇的《论共产党员的修养》，都用历史唯物主义阐明了改造客观世界和主观世界、个人和社会以及人民群众的关系，引导学员正确认识、妥善处理这些关系。

（2）利用多种形式渗透社会理想教育。当时我党为了争取广大群众，帮助他们把自身感到的具体矛盾引导到推翻旧社会才有出路这一根本问题上去，针对不同对象的特点，采取了宣传、演讲、文艺表演（如《放下你的鞭子》这样的活报剧）、个别教育等形式，进行理想教育。

（3）理想教育与社会实践紧密结合。边区各校要求青年到工农中去磨炼，参加土改工作、随军参战等，把社会理想教育融汇到每一件具体的工作中去，从而使青年认识所从事的每一件具体工作都是为实现抗日救国的总任务而奋斗。

抗战时期，由于党提出的奋斗目标代表了广大民众的利益和愿望，适应了民众个体的需要，因而得到了他们的认同、拥护并迸发出极大的积极性。而广大共产党员在战场上冲锋在前，退却在后，在敌人屠刀下坚贞不屈，慷慨就义，曾经给千百万人民群众以极大的教育和鼓舞，从而"使几万万人齐心一致，贡献一切给战争"，最终取得了举世瞩目的胜利。

在后来的解放战争中，我们党也是凭着集体的智慧和为共产主义事业奋斗终身的精神，用崇高的理想激励群众，终于打败了蒋介石的800万军队，解放全中国。这一切，正如邓小平同志所说的，为什么我们过去在非常困难的情况下能奋斗出来，战胜千难万险，使革命胜利呢？就是因为我们有理想，有马克思主义的信念。这一时期的社会理想教育，从内容到形式、方法等方面，都积累了丰富的经验，为中华人民共和国成立后开展这方面的教育奠定了较好的基础。

（二）中华人民共和国成立后至"文化大革命"前这一时期

中华人民共和国成立初期，全国进行轰轰烈烈的社会主义改造，并取得了巨大的成就，党所制定的方针、路线、政策英明正确，党的优良传统和作风深得人心。全国各族人民、各阶层人士从切身经历中坚信"没有共产党就没有新中国""只有社会主义才能救中国"这一真理。翻身作主人的自豪感以及对党的热爱和信赖，激发了人们极大的革命热情，千百万人民以新的姿态投入到社会主义革命和建设的行列中。

这时期重要的社会事实是，在1952年，党提出了过渡时期总路线，进行了对农业、手工业和资本主义工商业的社会主义改造。到1956年，实现新民主主义到社会主义的转变，开始了社会主义全面建设。这时期，党顺应社会主义发展的要求以及人民群众的意愿，提出了我国社会主义建设的总任务是改变祖国一穷二白的落后面貌，迅速恢复和发展国民经济。围绕这个中心任务，青少年思想教育的基本任务是：在党领导下，用共产主义精神教育青年一代，团结全体青年积极参加社会主义劳动，以便尽快地把我国建设成为一个伟大的社会主义工业国。

为了到达这个理想的境界，党在相当长的时间里，坚持向人民进行共产主义理想的教育，广泛地宣传"大公无私""毫不利己、专门利人"以及开拓奉献等共产主义精神。这些教育在很大范围内得到了群众的认可、接纳并化为自觉的革命实践。在这种时代精神的召唤下，涌现出许许多多可歌可泣的英雄人物，对推动当时的经济发展起了很大的作用。

在良好的社会大气候影响下，当时大、中学校中社会理想教育的主题是围绕着"为人民服务""祖国的需要就是我的理想""党叫干啥就干啥"这些方面展开的，呈现出以国家利益为重，崇尚奉献，重义轻利，注重人格和精神的自我完

善的特点。教育的途径主要有以下几方面:

1. 引导青少年向英雄模范学习

这一时期,学校注意运用先进典型来教育和引导青年。20 世纪 50 年代,在青少年中树立了丁佑君等一批典型;60 年代向雷锋、欧阳海、麦贤得、"草原英雄小姐妹"等英雄学习的活动风行全国,其中雷锋精神影响尤深。1963 年 2 月 1 日,共青团中央发出了《关于在全国青少年中广泛开展"学习雷锋"的教育活动的通知》。1963 年 3 月 5 日《人民日报》发表了毛泽东、刘少奇、周恩来等中央领导同志为雷锋的题词。在题词的鼓舞下,雷锋精神深入人心,在全国青少年中迅速形成了学习的热潮。"像雷锋那样生活和战斗",成为广大青少年的普遍愿望。

2. 忆苦思甜教育

学校经常请一些在旧社会苦大仇深的老贫农、老工人以及劳苦功高的老红军,给学生作忆苦思甜报告,帮助学生认清旧社会的黑暗、不合理,懂得今天幸福生活的来之不易,从而增强热爱党、热爱社会主义的思想情感,帮助他们确立为建设美好的社会主义祖国而奋斗的信仰。

3. 组织学生参加社会实践

青少年社会理想的确立,是他们自身的信仰、对人生的认识和实际行动的统一。离开了社会实践,社会理想教育就失去生命力。20 世纪 50—60 年代很重视引导学生参加社会实践,如土地改革、抗美援朝斗争、三反五反运动、大炼钢铁等。

这里需要指出的是,在 50 年代末,由于"左"的指导思想的影响,党的工作出现一系列失误,如反右斗争的扩大化,"大跃进"搞成"大冒进","跑步进入共产主义"的公社化,对当时青少年理想的确立产生一定消极影响。

(三)十年"文化大革命"动乱时期

"文化大革命"十年,我们党和国家遭到中华人民共和国成立以来最严重的挫折损失。在社会主义条件下,进行所谓"一个阶级推翻另一阶级的政治大革命""以阶级斗争为纲",狠抓"意识形态领域里的革命",结果使我国国民经济遭到了巨大损失,科学化陷入了灭顶之灾。

"文化大革命"时大力贯彻两条重要原则:一条是,左是方法问题,右是立场问题;另一条是社会主义时期,主要危险始终是右倾。于是,"宁左勿右"便成了"革命化"最重要的特征。当时,企图通过抓阶级斗争促进社会主义向共产主义过渡,但这种共产主义不是建立在高度发达的物质基础之上,而是建立在空话之上的。

在极左思潮影响下,学校理想教育被严重地扭曲,完全偏离了正确的轨道,其表现为:培养共产主义事业接班人,似乎不需要科学文化知识,不需要掌握生产劳动的技能，不需要为社会主义经济建设服务，只要时时刻刻"狠斗私字一闪念""在灵魂深处爆发革命"，便可实现这一目的。于是，在内容上搞"假、大、空"，用一些编出来的高、大、全的典型人物教育青少年；教育的途径是以大批判开路，对青少年学生的思想认识问题，动辄"上纲上线"，查祖宗三代，查哪个阶级的世界观。这种假共产主义教育，把国家利益与个人利益、物质享受和精神追求严重对立起来，片面强调国家、集体利益，个人的权益遭到了极大的限制和否定，由此而结成的苦果是：严重扭曲了青少年的思想灵魂，导致部分人心口不一、言行背离的双重人格的形成，从而大大地败坏了理想这个神圣字眼的名声，使人们产生不同程度的逆反心理。

（四）改革开放时期

党的十一届三中全会后，我国进入了一个伟大的历史转折。党对"文化大革命"进行了全面的反思，纠正了"以阶级斗争为纲"的错误口号，把工作重点转移到社会主义现代化建设上来；从国情出发，实行了开放、改革、搞活的政策，重新估量和评价了社会理想的功能和价值，恢复了它应有的地位，并提出了现阶段我国各族人民的共同理想，即"建设有中国特色的社会主义，把我国建设成为富强、文明、民主的社会主义现代化国家"，"到本世纪末，要使我国经济达到小康水平；到下世纪中叶，接近发达国家水平"。在党的新的路线方针政策指引下，在共同理想的激励下，全国人民团结一心，开始了政治经济的建设和改革。大力发展社会主义商品经济，使各项工作蒸蒸日上，整个中国的经济建设以前所未有的速度加快发展，社会主义的优越性日益得到展现。

新时期的开放改革，带来了外来文化的渗透，经济运转模式的转换和政治体制的变化，使当前的社会大环境呈现出文化经济繁荣的局面，也形成了改革与道德的"悖论"。一方面，生产发展带来物质财富的增加、科学技术的普及和提高，给社会的发展注入了生机，改变了人们落后的观点和陈旧的生活方式，形成了新的价值观、效率观、金钱观等等，使社会向着进步、文明、健康的方向发展；另一方面，在改革的同时，外来的腐朽生活方式和观念侵袭着一些人的灵魂，旧的道德沉渣泛起，导致了唯利是图、损人利己、以假乱真的经济混乱现象和以权谋私、以权谋政等政治混乱现象的产生。社会的影响使人们的价值取向发生倾斜，较多地注重个人而忽视社会，注重物质而忽视理想，注重能力而忽视做人。

在这种复杂的社会环境影响下，学校的思想政治工作的削弱，尤其是社会理想教育被淡化了。主要表现为：迁就社会现实和学生原有需要，满足于低层次的德育目标（如校纪校规的维持、文明行为习惯的养成等）；在宣传社会主义理想和价值观方面理不直气不壮，只给学生启发思考，不作（或少作）定性传道；

只管坐而论道，不研究社会变化和学生的思想特点，不注意方式方法，使理想教育流于形式。由于"大气候"的某些不良影响以及学校理想教育工作导向无力等原因，使现代中学生普遍出现追求自我发展轻视国家利益的倾向，并且不同程度地存在着"思想活跃，信念模糊，讲求实惠，不能吃苦"的特点。

不可否认，近两年来，有部分青少年逐渐把注意的热点转向马克思主义和社会主义，某些中学校园里，也曾出现"毛泽东热"。但从目前情况看，要把社会主义的理想化为学生的精神需要，需要社会、学校、家庭对这项教育的重要性达成共识，通力合作，并且要有一个时间过程。

二、 社会理想教育的历史经验

我们党进行了几十年的社会理想教育，提供了许多正反面的经验教训。其中有几方面的经验教训尤为深刻，值得特别提出来。

（一）重视社会理想教育，是我党事业取得成功的一个重要因素

人总是要有点精神的。一个民族要有精神支柱，不然就不能生存发展和振兴；一个党要有精神支柱，否则它的事业不能成功；一个人也要有精神支柱，不然就会失去方向和动力。我们的精神支柱就是社会主义理想和共产主义理想。社会主义、共产主义理想能最大容量地涵盖人们的生存意义，因而能最大限度地最为持久地激起人们深沉的思考，深远的追求，豁达的心胸，坚定的意志，由此化为巨大的精神力量。在革命战争年代，我们党结合当时的斗争实际，进行深入细致的思想政治工作和科学社会主义理论的灌输，启发了广大劳动群众的自觉性，使我们的军队和人民能够历经极端艰难的境地，战胜了超出人体承受能力的折磨和困难，取得了伟大的胜利。从1956年到"文化大革命"前的10年的社会主义建设时期，面对"一穷二白""百废待兴"的社会现实，我们结合人类社会发展的历史轨迹，进行马克思主义基本理论观点的教育，使人民群众认识到社会主义要代替资本主义，共产主义最终会实现的历史必然性，从而激发起投身社会主义革命和建设的积极性。那时的中国人正是凭着一身的正气、志气和骨气，创造出许许多多精神变物质的奇迹，令外国人为之刮目相待。

到了"文化大革命"时期，因为众所周知的原因，理想教育遭到了严重的歪曲，从而带来了一系列的负效应。近几年来，由于政治思想工作没有摆到首位，社会理想教育被淡化，结果引发了许多社会问题，给我们留下了深刻的教训。

历史发展证明，什么时候我们以坚定的信仰武装人民，我们就变得坚不可摧，战无不胜；反之就会遭受挫折，甚至有红旗落地、江山变色的危险。新时期

要搞好社会主义现代化，我们将面临新技术革命与和平演变的挑战，我们要在这两个挑战中立于不败之地，就必须始终不渝地毫不动摇地坚持社会主义、共产主义理想教育，并把它作为学校德育的头等大事来抓。

（二）社会理想教育要顺应历史发展的潮流

社会理想只有反映人民群众的根本利益和愿望，符合社会发展需要，才能具有广泛的群众基础从而保持其发展的生命力，否则只是"昙花一现"。在人类社会发展的漫长历程中，曾有不少的思想家对未来社会提出种种的理想和方案。16世纪初英国思想家托马斯·莫尔在他所写的《乌托邦》一书中，描绘了一种与现实世界截然不同的完美的社会生活。在他笔下的这个与世隔绝的岛屿上，剥削与压迫已不存在，私有制遭到废除，人们和睦相处，每人都拥有充分的政治民主和信仰自由，社会的物产很丰富，劳动成为了人们生活的第一需要，大家各尽所能，按需分配。另外，在那里生活的公民都在公共食堂吃饭，一律身着制服、居住公房等。除了莫尔所提的"乌托邦"外，德国的闵采尔设计的"千载天国"，意大利康帕内拉描述的"太阳城"，以及后来的圣西门、傅立叶、欧文这些空想社会主义者对未来社会所作的种种描述，虽然向世人昭示了理想社会的美好图景并在一定程度上促使人们觉醒，激励起改造现存社会的斗争意志，但由于这些空想家对未来社会寄托的美好想象偏离了社会发展规律而陷入空想的泥淖。

马克思主义的诞生，第一次把人类对大同世界的追求，从空想变成科学，为人类开辟了到达理想的境界，提出了历史发展规律的科学认识，即人类社会总是从低级向高级发展，社会主义必然代替资本主义，从而社会主义必然过渡到共产主义。这是生产关系要应生产力规律的客观要求。历史发展必然朝着人类社会的自由王国迈进：社会实现了生产资料公有制，社会生产力的高度发展和社会产品的极大丰富；阶级和国家的消亡；社会民主充分实现；社会全体成员主体性的充分发展。社会理想教育只有顺应这历史发展方向才有生命力，反之则会走向失败。这不仅是科学理论的昭示，也是我党几十年的经验总结。

共产党从它的诞生到成为执政党这短短的几十年中，它在不同的时期、不同阶段提出自己的理想目标。20 世纪 20 年代针对殖民主义和封建主义压迫提出反帝反封建的奋斗目标；20 世纪 30 年代在日本帝国主义的亡国灭族侵略面前提出停止内战一致抗日的纲领，建立了抗日民族统一战线，带领中国人民八年奋战，终于打败了日本侵略者，维护了中华民族的独立；抗战胜利以后，顺应人民要和平的愿望，提出建立联合政府实现国内和平的主张；后来又提出"打倒蒋介石，解放全中国"，建立一个自由、民主、平等的理想社会，以及中华人民共和国成立以后提出的一些奋斗目标，由于代表着广大人民的利益、愿望和要求，因而得到群众由衷的认同、拥护，并把它转化为自觉的革命实践，收到了良好的社会效果。而20世纪50年代后期搞的"快步跑入共产主义"的"穷过渡"以及"文化大革命"那套"只讲精神，不要物质"的假共产主义教育，结果都以导致一场社会悲剧告终。这些经验教训我们理当牢牢记住。

（三）社会理想教育要注意把社会理想与个人理想相结合

伟大导师列宁曾指出："如果你不善于把理想与经济斗争参加者的利益密切结合起来，……，那么，最崇高的理想也是一文不值的。"① 历史的经验告诉我们，在进行社会理想教育的历史进程中，每当我们注意到社会发展与个人发展相结合时，教育就取得较好的成效；反之，当两者被割裂开来，片面地强调个人的发展，不顾国家利益、社会需要，或者片面强调国家利益，忽视甚至压抑必要和合理的个人需要时，教育就会给国家和个人发展带来消极的影响。

我们知道，人是社会的人，社会是人的社会。社会的发展有赖于千千万万个体积极性的发挥；而个体的发展又有赖于社会提供的条件，两者是密不可分的。社会主义社会从根本上摧毁了个人和社会对立的基础，在这样的条件下，社会理想和个人理想确有相统一的一面，但两者之间却又是有区别的，不能互相取代的。个人理想从不同的侧面反映个人的现实和需要，表现出极丰富的个性。就开放城市青少年的职业理想来说，确是多种多样的：商业家、企业家、工程师、教师、科学家、医生、律师、外事外贸工作者、运动员等等，正是个体抱负的多种多样，才使得我们社会生活丰富多彩。不过，个体理想由于其基础和认识的局限，往往使理想表现出一定程度的局限，容易产生脱离社会现实、盲目自我设计的倾向，诸如"20岁当诗人，25岁当数学家，28岁当科学家，30岁当文学家，35岁当政治家"这种浪漫式的自我规划，在青少年中不时可见，这显然是无法在现实中兑现的，一旦碰壁，极容易造成一蹶不振。另外，个人理想往往着眼于个人需要，容易忽视整体与国家的利益，有少数人甚至走向把个人凌驾于社会之上、强调个人理想高于一切的极端。近几年来社会主义精神文明建设中的失误已给我们提供了反面的证明。

社会理想居于理想的最高层次，它不是许多个人理想的简单相加和集合，而是社会成员在社会生产关系的联结下，自觉地按照社会发展的规律，为着共同利益而设计的共同目标。这种共同目标一旦被广大群众所认同和普遍接受，将会持久地激起人们的深远的追求，其力量是巨大的，非个人理想的作用所能比。但由于社会理想是从个别抽出一般，因而也容易忽略个体理想的多样化，限制了个人

---

① 列宁. 列宁全集：第一卷 [M]. 北京：人民出版社，1955：369.

的积极性与创造能力的发挥。所以，在今天开放改革、搞活的条件下对青少年进行社会理想教育，要注意处理好两者的关系，要引导青少年把个人理想与社会需要结合起来，把个人理想纳入社会整体中，在有利于实现四化的大前提下，充分肯定青少年发挥个人才能的各得其所的人生选择。

（四）个体社会理想是在外部灌输与实践活动相互作用下，经过主体的自觉选择后确立起来的，因此，理想教育要在理论与实践结合上下功夫

社会理想的确立，是知—信—行相统一的过程。社会主义、共产主义理想是建立在科学的基础上的，是真理。但这一真理要被人们所认同、所掌握，固然离不开科学知识的灌输，但更重要的是要通过个体的积极思考并参与社会实践，通过比较、探索、选择，最后付诸行动。无数革命先烈就是在革命实践中进行无数次探索和比较，才确立起只有马克思主义能够救中国这一信仰。这一过程是主体自觉选择的过程。

要把社会主义理想的确立和积极的思考统一起来。信仰和思考是不可分的。一方面，科学的信仰为积极思考提供正确的价值取向。人们在对社会、对生活的思考中，总需要寻找和确立价值取向。因为思考总是与一定的思考角度联系起来的，同时在思考中总是要运用一定的概念和原则去判断事物。这些概念、原则本身就包含着思考者所信仰的东西。另外，从历史的发展来看，人们生活在"现在"这种特定的时期，不可能对未来的事物完全认识清楚。那么，如何行动呢？这就需要信仰的指引。科学的信仰揭示了事物发展的客观规律，为我们的行动提供了正确的价值目标。

另一方面，积极的思考是科学信仰形成和发展的重要条件。社会主义、共产主义学说的形成，首先是马克思恩格斯积极参加革命实践的结果，也是他们积极思考的结果。列宁提出的社会主义革命有可能在一个国家胜利的理论，从而领导了十月革命的胜利；邓小平根据中国社会主义现代化建设的规律，提出关于"一国两制"的构想、关于分三步走的经济发展战略等，都是科学信仰指导下积极思考的结果。

在以经济建设为中心的新的历史时期，我们面对的是纷繁复杂的社会现象和多元的价值取向以及思维活跃、不轻信、不盲从的年轻一代，科学信仰的确立更不能离开积极的思考。盲目照搬过去的以信仰代替理解，排斥积极思考的信仰主义的那套做法，都是不能深入人心的。

如何引导青少年把科学的信仰与积极的思考统一起来，目前要注意抓好两点：

1. 从历史发展的宏观角度教育青少年确立社会主义理想

从近百年中国历史发展的客观进程，说明中国走社会主义道路的必然性；从社会发展的大趋势看中国社会主义道路的发展前景，就容易激发情感，形成意志。认识、情感、意志的融合，可为信仰的建立打下坚实的基础。

2. 教育青少年在思考过程中用辩证的方法分析社会

青少年看问题容易片面化。如对社会主义有没有优越性的问题，有的学生单以生活水平的高低作为衡量政治制度的标准，从而得出社会主义不如资本主义的结论，他们不懂得一个国家生活水平的高低并不单纯取决于政治制度，还取决于历史、文化、地理、人口等多种因素。又如有的学生往往因当前出现的腐败现象而产生否定党的领导的情绪，看不到改革开放以来在党领导下我国人民在政治、经济、文化教育等方面所取得的巨大成就。所以，引导学生分析问题时，既要指出我们社会的阴暗面，也要展示社会的光明面。特别要让学生明白，社会主义建设发展只有几十年，不可能尽善尽美，它需要我们不断地总结经验，不断地改正错误。操之过急而造成信仰动摇，是不可取的。

理想教育在引导学生对理论积极思考的同时，还要注意实践结合起来。社会理想的确立是在社会化行动的参与中，在实践活动中形成的。社会实践活动是实现社会理想的有力手段，因为理想既不能在抽象观念范围内实现，也不能依靠单纯的思想力量来实现。"思想根本不能实现什么东西，为了实现思想，就要有使用实践力量的人。"[1] 所以我们在研究社会理想教育方法时，要强调"生活、实践的观点，是认识论的第一和基本观点"的必要性和重要性，要把社会理想教育与现代社会改革开放的伟大实践结合起来。当然，强调学生参加社会实践，并不是要求学校打破正常教学秩序去从事各种学校以外的活动，而应当立足校内，加强校内与校外的联系与合作，建立经常化、制度化的自主活动体系。如可把学生参加军训、工厂和农业劳动纳入教育计划，安排专门时间并有责任地分工和管理；利用假期和课余时间组织学生开展广泛的社会调查，以评选优秀调查报告和论文等形式加以指导和管理；利用假日组织学生参加街区和校内公益劳动和社会服务；组织学生参观先进单位、访问勇于改革的优秀人物；等等。学生通过各种渠道接触社会过程中，用自己的眼睛去观察，用自己的脑袋去思考，用自己的行动去实践，这样就会产生一种自律性的价值取向，从而使"振兴中华"这一外在责任转化为内在责任。

（原载《社会理想教育新探》，暨南大学出版社，1994 年）

---

① 马克思，恩格斯. 马克思恩格斯全集：第二卷［M］. 北京：人民出版社，1957：152.

加强中小学理想教育的科学性

培养正确的人生观、世界观，在中小学是个重要阶段。人生观、世界观是在理想的逐步提高和演化中渐渐发展形成的。因此，中小学从低年级起就要抓好理想教育，帮助学生打下革命人生观和共产主义世界观的基础。

远大理想决不是简单说教的产物，它是按学生理想形成的规律，进行长期教育的结果。而掌握理想发展的规律并不是轻而易举的事情，它要通过长期的有目的有计划的调查，特别是要开展教育科学实验才能办到。为了探索这个问题，这里提出几点看法，作为研究的参考。

一、 掌握学生理想的内在结构和发展过程

学生的理想是有其内在结构和发展过程的，是沿着从低级到高级，从简单到复杂的方向发展的。对此结构和过程，教育工作者必须加以研究，以便把理想教育建立在科学的基础上。

根据笔者的初步观察，学生理想的构成是：生活理想（对吃、穿、耍乐等的向往）、职业理想（对未来工作部门、种类等的向往）和社会理想（对社会制度等的向往）三个部分。这三个部分不是从

小学一年级起就全部具备，各部分的出现是受年龄、经验和文化条件等所制约的。但一经全部出现就会结合在一起辩证地发展。进行理想教育各个组成部分都不能忽略。生活理想反映的是人的自然属性，它是社会理想发展的基础，但它又必须有正确社会理想的指导才能健康发展；正确的社会理想是远大理想教育的主要目标，但它必须同生活理想结合才有力量；职业理想是沟通生活理想与社会理想的渠道，也是实现这两个理想的凭借。

从小学到中学，按学生理想结构形成的过程，大致可分为四个阶段。

一是，理想发展的准备阶段。其特点是：学生把家长和教师的要求当作自己的理想。这阶段学生把教师和家长视为"权威"人物，他们说谁是好人，谁是坏人，将来要做怎样的人，不要做怎样的人，学生就"依样画葫芦"。这是属于简单积累是非观念素材的理想发展准备阶段。这阶段，教师和家长要充分利用自己在学生心目中的地位，通过讲故事、做游戏、组织文娱活动等形式，多给学生积累一些培养理想的积极材料。

二是，生活理想阶段。学生最早独立思考的理想是同吃穿要乐以及他在孩子群中的"英雄"地位等相联系的。这阶段的特点是：学生从自己在活动中产生的兴趣去憧憬理想。如觉得乘风破浪很惬意，就想将来当个海员；觉得戴上红领巾很神气或对队活动很有兴趣，就想加入少先队；看见科技活动像魔术一样神奇，就想当个科学家……由于活动能力的发展，独立阅读能力的提高，社会影响已明显渗入，知识面已明显扩大，这时，教师和家长已不是学生的"绝对权威"，他们的意见要同学生自身活动的感受对上号才能起作用。因此，这阶段的教育工作，要求结合学生的兴趣，在他们的生活理想中渗入社会理想的内容。

三是，职业理想出现和开始发展阶段。随着兴趣的发展，学生逐步培养起某种爱好，或爱某种艺术，或爱某门学科、某种工作，在这基础上逐渐产生某种职业的向往。而随着年龄渐长，人群的议论也影响这个过程。如学生当"小先生"受到表扬，又深为教师对自己的关怀所感动，而同学对教师又很尊敬，学生就会对教师的职业产生一定程度的向往。又如由于某科常得满分，教师同学常加称赞，就会使他想将来在这方面发展。这阶段的特点是：理想多从本人的爱好和感受出发，多考虑个人的发展，而自己对社会的责任则很少认识。与此相应，他的学习目的，也多从个人着眼。

这阶段的理想教育，要有意识地把有关科学信仰的知识提上教育日程，用科学的信仰帮助学生从职业理想过渡到正确的社会理想，使他们从社会主义、共产主义的前途去考虑将来的职业。如果只图工作易做或只从学校升学率设想，单纯以入重点中学、升大学为"远大"理想的体现，这对学生理想的发展不会有什么帮助，甚至会给有些学生已有的"实惠"理想戴上桂冠。

四是，社会理想发展阶段。当学生的抽象思维能力发展到一定水平，又有了一定的社会经验，就会自觉不自觉地进入社会理想的阶段，这个过程往往同个人生活职业理想相联系，比如当知道个人生活、职业理想是受社会条件的制约时，就会产生社会理想。这阶段的突出特点是：信仰已经出现。或者是在学校有意识的教育下出现，或者是在自发势力影响下产生。信仰内容的不同，理想就有性质的差异。理想同信仰一经结合，这种或那种人生观、世界观的基础就初步形成。

马克思列宁主义哲学知识的教育在本阶段有重大意义。它不仅可以帮助学生用科学信仰去追求理想、建立理想，而且可以帮助学生养成理论思维的习惯去发展理想。中小学生理想发展的这四个阶段，不是截然分割的，而是交错发展的。新阶段的进入并非上阶段的消失，而是上阶段的发展和逐步成熟。待到信仰产生，就在信仰指导下辩证地结合在一起。哪个阶段相当于哪个年级？不能一概而论，城市学校与农村学校不同，重点学校与非重点学校有别，同一班级的学生也可能有很大的差异。这同学生文化水平的高低、抽象思维发展的快慢、社会实践的深浅以及家庭教育的情况密切相关。学校教育要加强理想教育的科学性，更自觉地加速学生远大理想的成长。

二、 充分运用外部条件

促使学生理想发展，除了了解其内在发展过程，还必须运用其外部条件。

影响学生理想发展的外部客观条件很多，但概括起来主要是三大类：

一是，学校与家庭的因素。教师和家长是学生理想的活教材，他们是否热爱本职、精益求精、秉公办事、有献身事业精神；是否对学生循循善诱等，对学生理想成长的方向与速缓有直接的关系。不同年代成长的教师、家长与不同年代成长的学生一样，各自有其时代的烙印，在世界观上各有其优长与不足。作为教师必须自觉地扬长去短，并以切身感受引导学生。这样才能做到潜移默化，促使学生远大理想的成长。学校作为教育的组织者应主动把家长思想的研究列入日程，分析家长对子女要求的各种思想类型，通过各种途径促进家长提高认识。教育理论部门也要从理论到实践上帮助解决与此有关的问题。如果教师和家长自己也未解决理想信仰问题，就很难在这个问题上教育好学生。

二是，自然条件的变化与自然科学的发展对学生理想发展的影响。这一点往往为一些人所忽视，其实这种影响历来就有，而且力量很强。如哥伦布发现新大陆诱发了许多青少年的探索精神；太空人登月成功激发了一些青少年的进取思想。然而这方面的影响既可能是积极的，也可能是消极的。巨大陨星坠落可能激起学生研究自然奥秘的兴趣，也可能加深一些学生的宿命论思想；电脑的发明使用，既可使许多学生思路开阔，认识知识的力量，也可能使一些人产生按电钮不劳动的幻想。

当前值得重视的是发达资本主义国家科技的高度发展及其带来的物质文明。有人从此而得到发奋图强的动力，也有人因此而错误地认为社会主义不如资本主义。教师要主动关心自然条件的变化及自然科学发展的动向，从中探求其社会意义，积极引导学生去得出正确的结论。

三是，社会条件变化及社会科学发展对学生理想的影响，这是比较直接的。学校必须看到近二十年来无论资本主义社会或社会主义社会都经历着复杂的发展变化。一方面，资本主义社会虽存在它无法克服的根本矛盾，但也存在有危机却还不至旦夕灭亡，甚至生产还能有所发展的暂时条件。另一方面，虽然社会主义制度取代资本主义制度的必然性越来越为历史所证明，但我国社会主义还在实践中，内部还有许多矛盾，这些矛盾处理不好，就会使制度的优越性发挥不出来。

社会的发展变化必然会引起人们对社会科学的探索和讨论，这些讨论又不可避免会在社会产生影响。

所有这些情况对于欠缺理论功底，又少实践经验，更无思想方法训练的现阶段中小学生，很容易造成误解，只见树木不见森林，只看现象不究本质，从而导致理想信仰上的糊涂观念。这就要求学校要打思想教育的主动仗，首先要教师把有关重要问题弄清楚，并注意在学生中发现思想苗头，及时进行教育。做好政治思想教育，是培养青少年远大理想的重要因素。

三、 激发情感， 明以哲理

青少年学生的理想、信仰的形成与发展，固然是长期实践与教育、内部过程与外部条件相互作用的结果，但在这个过程中，情感的触动与哲理的帮助，显然有特殊的作用。

情感触动的作用就在于它是理想与信仰的必要触媒。它的作用，有广泛的事实可以作证：

鲁迅先生在人生理想信仰道路上的三次转折（这是笔者的看法）都是以三次强烈的情感冲击作媒介。第一次是他父亲死于庸医之手，使他产生学医济世之念；第二次是在日本学医期间，一次在影片上看到一大群中国百姓竟以欣赏自己的同胞被压迫者砍头为乐事，使他痛感救国之根本不在医，而在于唤醒民众，于是他弃医从文；第三次是 1927 年看到蒋介石制造的"四一二"惨案，自己的学生横遭惨死，又发现原来青年人也不是个个都是好的，也有出卖灵魂的人，这就使他倍觉伤痛。从此他就学习马克思主义，结果纠正了信进化论的偏颇，相信了阶级论。

雷锋同志的共产主义理想和马列主义信仰是从仇恨谭家地主逐步被引导到仇恨私有制，从感谢乡人民政府、解放军连长发展到感谢共产党，最后形成了共产主义的世界观。

我国许多革命先烈"砍头不要紧，只要主义真"的坚定信仰，最初都是从痛恨不合理的现实开始的，许多科学家发愤献身科学也往往是出于民族的自尊心。

诸如此类的例子，说明了一个道理：促使人们形成远大理想和科学信仰，推动信仰理想发展，必须置他们于现实矛盾中，给以情感的体验，激起他们的责任感和事业心。

学生的理想与信仰的培育也是同样道理。我国中小学的优秀班主任在学生思想工作中把"动之以情"放在重要位置不是偶然的。因为没有情感的触动，就很难敲开学生的心扉，从而也难听进我们的道理。因此，对那些学习好但只考虑生活职业前途，尚文明而缺社会主义壮志的学生，必须在他那"平静"的心境里激起理想的波澜，使其在矛盾的刺激下产生对祖国前途、人类理想的责任心。对那些学习不好却显得性格好强，精神空虚而大谈"哥们"义气的受害学生，更要热情关怀、亲切开导，以去掉他们破罐破摔的情绪和自尊、自卑混合的心境，使他们抬起头来走路。

"史无前例"的浩劫的一个严重后果，就是使今天二三十岁的青年一代，不少人对社会主义理想动摇和对马列主义信仰怀疑。这里直接原因之一，就是他们的"崇高感情"与"豪情壮志"受到了伤害和嘲弄，于是他们悔恨、迷惑、赌气和伤心。这些青年的想法，还会在现实困难的推波助澜下，通过各种渠道影响到今天的中小学生，使他们也产生感情上的共鸣。因此，对待今天的青少年必须从各方面给予亲切的关心，使他们感到党的爱抚与温暖，体会到社会主义的优越性，从而促使他们对远大理想与科学信仰有坚定的信念。

人们从生活、职业理想转上社会理想，又从理想导致信仰，再用信仰指导理想，必须有抽象思维的帮助。这种抽象的思维就是哲学思维。因此，要使学生形成科学的信仰，必须给他们辩证唯物主义世界观的知识，让他们用这些知识对实践的结果进行分析，从而得出正确的结论。优秀班主任经验中说"晓之以理"，说到底就是晓以辩证唯物主义世界观的哲理。而马列主义哲学则是青少年们进行理想探索的明灯。有些青年以为"主观为自我，客观为别人"是至理名言，马列主义哲理就会告诉他们此路不通。要使自己美好，别人也美好，就得改善社会关系，就得消灭私有制以至私有观念。社会关系不改善，不仅谈不上"为别人"，就是"为自我"也将成为泡影。

学习哲理还可使学生养成理论思维的习惯。学生有了理论思维的习惯，就能从个别的事物中找联系，从复杂现象中找本质，从各种判断中找价值标准；就可大大减少片面性与迷信，从而在复杂的环境中不易迷向，比较经得起动乱。今天在国际交往繁多，各种主义纷至沓来的情况下，使学生养成理论思维的习惯，其意义更是不言自明。

马列主义哲学是博大深刻的，但也不是高不可攀的。辩证唯物主义的本本，少年学生虽然不好懂，但有关的哲理甚至小学生也可领会。小学教材中就有不少寓言，这就是学哲学的好材料，问题在于教师的自觉运用。目前许多中小学教师已创造了各种哲理教育的生动形式。例如有位小学老师，叫学生搜集哲理性的豪言壮语，就是以哲理促理想的好形式。学生从三年级起就记下了不少哲理名言，像"革命者把希望寄托在创业上，懦夫懒汉却把希望寄托在梦幻中"，"江水碰到礁石，马上跳跃起来，向前勇猛冲击，革命者碰到困难，应更加振奋精神勇往直前"，"一花独秀不是春，百花齐放春满园"，等等。记下这些豪言壮语的好处是：学生是在理解的基础上搜集，因此搜集的过程也是受教育的过程；学生以此为座右铭，教师也因势利导以此要求学生。实践结果，该班的"三好"学生都是搜集豪言壮语最认真的学生。又如有位中学老师编《读一点材料，悟一点道理》作为教辩证唯物主义的补充教材；有所中学请港澳校友现身说法讲两种社会制度对比。这些都是生动的哲理教育形式，都收到了理想教育的良好效果。

［原载《华南师院学报（哲学社会科学版）》1981 年第 2 期］

以马克思主义理论知识教育为开端的社会理想教育模式

马克思主义理论知识教育开端模式，是从理论知识学习入手，着重解决学生确立社会理想过程中的认识问题，从而实现对社会理想认识的理性升华，把社会主义共同理想内化为学生的个体理想。

一、 马克思主义理论知识教育开端的意义

（一） 马克思主义是社会理想教育的指导思想

我国现阶段的共同理想是共产主义理想体系的组成部分，是建立在马克思主义理论基础上的。改革开放，进行社会主义现代化建设，必须坚持以马克思主义为指导，才能坚持社会主义方向。建设有中国特色的社会主义，要求我们从中国的实际出发，把马克思主义的普遍真理与我国的实际相结合，运用马克思主义的立场、观点、方法来研究、解决新问题，探索社会主义社会的新特征和发展规律，探索在我国实现共同理想的道路、方针和方法。《中共中央关于社会主义精神文明建设指导方针的决议》指出："坚持以马列主义、毛泽东思想为指导，是我国社会主义现代化事业的根本，也是社会主义精神文明建设的根本。"这就决定了我们进行社会理想教育必须坚持

以马克思主义为指导。在现实中，社会主义事业虽然取得了巨大成就，但也仍然存在着各种问题和困难。如我国的社会主义建设经历了种种艰难和曲折，国际社会主义运动出现了巨大的挫折，东欧和苏联社会主义国家在资本主义的"和平演变"攻势下发生了剧变。国际社会出现否定社会主义制度，否定共产党的领导，否定马克思主义的思潮，在一部分人中产生了"信仰危机"，社会主义事业面临着严峻的挑战。在这种形势下，坚持以马克思主义为指导进行社会理想教育，是非常必要的。只有坚持马克思主义的指导，才能正确识别和自觉抵制资产阶级自由化和各种错误思潮的影响，才能正确地认识社会主义各个发展时期的新特点新问题，才能正确理解和掌握我们党在社会主义各个时期的路线、方针、政策，才能确立坚定的社会主义理想。

随着改革开放的深入发展，我国传统文化思想意识、价值观念受到西方文化思潮的猛烈冲击，社会价值观念呈现多元化。特别是当前我国社会正处于从计划经济向市场经济转型的过渡阶段，正在从传统社会向现代社会逐步迈进的现代化过程中，人们的生活方式、思维方式、价值取向等正发生着巨大的变化。个体社会理想的形成和确立，必须经过价值选择、价值认同，从而达到理性升华的过程。在纷纭复杂的社会环境中，在各种价值观念的影响下，坚持马克思主义理论知识教育，帮助青少年确立社会主义价值取向，则是培养 21 世纪社会主义现代化接班人和建设者的重要工程。从马克思主义理论知识教育入手，对学生进行社会理想教育，具有重大的理论和现实意义。

（二）从马克思主义理论知识教育入手是解决中学生确立社会理想的种种认识问题的必要前提

1. 中学生具有与成人不同的认识特点

在改革开放的条件下，中学生对社会主义有正确认识的一面，也有不正确认识的一面。针对中学生存在的各种认识问题，从马克思主义理论知识教育入手，解决各种认识障碍，是社会理想教育的前提。

改革开放以来，我国在政治、经济、文化各方面都取得了伟大成就，沿海开放城市和地区更是日新月异，新生事物层出不穷，各种新思想新观念应运而生。中学生正处于求知欲最强时期，他们思想活跃，精力旺盛，有着强烈的探索真理的精神。他们对社会问题开始感兴趣，但由于中学生受认识条件的局限，以认识抽象的书本概念认识人类的文化成果，以间接经验为主，还不能直接参加社会实践活动，对我国的历史和国情了解不多，体会不深，对社会现状、问题也是从家庭或一定区域的社会环境的间接影响去认识。他们对马克思主义的唯物辩证法、历史辩证法掌握不多，对事物的分析容易陷入简单化、片面化。他们喜欢独立思考，喜欢争论问题，不轻易相信成人或理论"权威"，思想偏激，一旦发现错误思潮的某些观点与现实的一些表面现象相符合，就分不清事物的本质与规律，容易接受错误观点，容易对问题作出简单的片面的结论。他们喜欢对一切事物进行比较，但又未掌握科学的比较方法。他们对中西方社会物质文明的比较，对科学文化的比较，对社会主义与资本主义的比较，如果没有马克思列宁主义的立场、观点、方法去指导，只看表面不看实质，只看局部不看全面，只看眼前不看社会发展趋势，就会得出错误结论。西方资产阶级及其在我国的代言人就是利用青少年简单幼稚的弱点，吹捧他们，把他们引向资产阶级的思想泥坑和思维方式，使社会主义自然灭亡。这是我们进行社会思想教育要认真重视的问题。

2. 当前中学生对社会理想认识存在着几种问题

以马克思主义理论知识教育入手，使学生逐步确立社会理想，必须了解当前中学生对社会理想的认识问题，才能有的放矢，收到最佳效果。据我们对我省实验学校及部分非实验学校学生的调查分析，当前开放城市中学生对社会理想的认识问题主要有以下几方面。

（1）关心社会、关心改革，但对社会主义政治认识模糊，社会责任感较差。我国改革开放十多年来取得了辉煌的成就，使广大中学生认为改革开放政策是正确的、有成效的，对我国社会主义制度有信心。部分中学生还了解、关心本地区的发展规划，经常议论国家命运，对以权谋私、贪污腐化等社会不正之风表示义愤。但同时也存在着对社会主义政治认识不足的现象，他们向往"民主自由的社会主义社会"，而对社会主义的民主自由含义则不了解，受西方资产阶级思想影响较大。他们的社会责任感也较差，调查统计材料反映，中学生自己认为学生中"真正为中华崛起而读书"的只占 7.6%，大多数中学生还未真正把社会共同理想体现于学习中。

（2）重视经济价值，政治价值观念淡薄，对共产主义理想的认同具有多层次。调查统计显示出，开放城市中学生有 44% 赞成"搞政治不如搞商业实业"的观点，选择经济类职业意向的比例占第一位，极少选择政治职业。认同共产主义理想的初中学生占 36%，高中生只有 15%；对共产主义理想认识模糊的初中学生占 22%，高中生占 12%；认同层次较低的初中生占 40%，高中生占了70%。这表明，在中学生中开展共产主义理想教育有其必要性和紧迫性。

（3）向往理想人格，富有正义感。调查表明，绝大多数中学生都有自己崇拜的偶像，涉及各行各业各种人物，其中占比例最高的为领袖人物，如周恩来等，其次是科学家、企业家、影视歌明星、体育明星等。由于传播媒介的影响，目前，中学生对境外影视歌明星的崇拜逐渐扩大，几乎成了主流，但总的来看，他们最崇拜的是具有高尚人格又有才能的名人，对以权谋私、贪污腐化、无法无天的现象表示极大的愤慨。他们赞赏舍己救人的英勇行为，但也有个别中学生把友谊、正义当作哥们义气。调查材料表明，多数中学生认为金钱不是人生追求的最重要目标，这是健康的人生价值观。同时他们又受到资产阶级享乐主义人生观影响，不愿艰苦奋斗，有少数学生向往高消费的生活方式。社会理想教育存在着有利的方面，也存在着各种障碍。现实表明，在学生中进行马克思主义理论教育，是社会理想教育的重要工程，必须加以强化，而不是弱化。

二、 马克思主义理论知识教育的主要内容

教育的内容是为实现教育的目的服务的。社会理想教育的目标制约着教育内容的选择。同时，教育对象的认知水平也制约着教育内容的选择。马克思主义理论是博大精深的思想宝库，不可能把全部理论作为当前社会理想教育的内容。根据培养中学生确立社会主义共同理想的目标要求和中学生的思想特点，以及我们进行中学生社会理想的教育实践，在丰富的马克思主义理论宝库中，我们认为可着重选择以下几方面的教育内容：

（1）政治常识，主要进行社会主义制度的各种知识教育，着重进行对我党的路线、方针、政策的教育，特别是建设有中国特色的社会主义理论教育，社会主义民主建设知识教育等。

（2）经济建设常识，包括社会主义现代化建设常识，社会主义市场经济常识，改革开放的策略知识等。

（3）哲学常识，包括马克思主义哲学常识，历史唯物辩证法常识，毛泽东的哲学思想常识，邓小平同志关于改革、发展与稳定的论述等。

（4）道德与法律常识，包括社会主义公民的基本道德规范，社会主义法制和各种知识等。

重视马克思主义理论教育是我国社会主义教育的传统，以上所提的教育内容仅是社会理想教育的几个主要方面，并没有囊括全部。如何将教育内容具体化为学生乐于接受的知识，需要在教育的形式、方法等各方面进行相应的改革。

三、 马克思主义理论知识教育模式的运行途径和方法

（一）中学政治课是进行马克思主义理论知识教育的主要途径

政治课是我国中学生进行马克思主义教育的主要课程，前几年，由于受片面

追求升学率思想影响，中学政治课教学没有很好地发挥政治思想教育的功能，马克思主义理论教育脱离实际，教学方法简单，学生厌学，老师难教。特别是高考中政治课考试的误导，致使中学的马克思主义理论知识教育成了学生拿考分的工具，使对知识本身的理解和掌握走向了极端，甚至造成教育对象的反叛，教育的效果除了成为进大学的入门砖外，与教育的目的相背而驰，成了学生的负担。"信仰危机"并没有因为死背马克思主义的理论教条而克服。针对这种状况，"七五"期间，我国开展了中学政治课教学的改革，从课程设置、教学内容、教学方法等方面进行了大面积的改革实验，力图把马克思主义理论、毛泽东思想、邓小平关于社会主义现代化建设的思想融为一体，结合中国的实际，焕发中学政治课进行马克思主义理论知识教育的生命力。实践证明，这一改革路子是对的、效果是显著的。但解决马克思主义理论教育的存在问题和如何发挥中学政治课的多种模式已成为当前教育的重要课题。马克思主义理论教育的多种功能还有待今后努力。创立高效的现代马克思主义理论教育模式已成为当前教育的重要课题。马克思主义理论教育的改革任重而道远。

广东省一批实验学校利用政治课教学阵地，从马克思主义理论知识教育入手进行社会理想取得了显著成效。如广州市执信中学、新会县创新中学等坚持马克思主义理论教育，使学生对社会主义制度有了较正确的认识，对我国的社会主义现代化建设、改革开放政策充满了信心，也较好地认识社会主义民主法制与资本主义民主自由的本质区别。1989 年，新会县创新中学初三级学生运用马克思主义的基本原理来分析社会问题，认为我国现阶段的问题不是"争取民主"，因为民主已属于人民，而是如何"健全"社会主义民主，而健全社会主义民主要通过法制的道路进行，要有稳定的局面，搞动乱是不合法的。这反映出，只要我们坚持生动活泼地联系实际进行马克思主义理论教育，青少年对社会主义理想是完全可以认同的。

在方法上，应采用多种的组合，视其内容而确定以哪种方法为主。一般采用理论讲授与课堂讨论、社会调查与小论文等结合，尽可能符合学生特点，做到生动活泼，学生乐学。课堂上充分发挥教师的主导与学生学习主体的积极性。理论教学方法的改革是马克思主义理论教育走出困境的重要方面，也是具有创造性的方面，许多政治课教师在教学实践中形成了自己的教学风格，受到学生的欢迎。道无常道，法无定法，具有中国特色的有效的马克思主义理论教育方法正在不断推陈出新。

（二）少年团校、党章学习小组、时事政策教育课、班会课、课外阅读，是马克思主义理论知识教育的重要途径

（1）初中办少年团校，高中组织党章学习小组，是中学开展马克思主义理论教育的有效形式。本课题的实验学校通过办少年团校、党章学习小组，组织中学生学习党团知识，学习马克思主义理论，学习社会主义理论和现阶段党的政策和路线等使学生了解中国革命史，了解党，了解社会主义道路是中国人民的必然选择，了解马克思主义的基本原理和唯物辩证法、历史辩证法，大大提高了中学生对社会主义理想的认同。近年，实验学校申请入团的学生有较大增加，广东新会县创新中学申请入团的学生达85%以上。广东肇庆市鼎湖区广利中学在高中生中成立党章学习小组，为培养共产主义分子，为农村党组织和中高等学校党组织培养后备力量打下了良好基础，同时也带动了全校学生学习马克思主义理论、学习党的知识，大大提高了中学生的思想政治觉悟，促进了社会理想教育工作的开展。此举受到该地区、市、省有关党组织的肯定，《南方日报》《广东支部生活》写了文章作详细报道。华南师范大学附中党章学习小组也积极培养学生党员。深圳市实验学校的高一学生与教师一起参加党章学习小组，学生要与老师、父母竞争谁先入党，体现了特区中学生奋发进取的精神面貌，也使社会理想教育呈现勃勃生机。

（2）时事政策教育课和班会课，课外阅读，对学生及时进行国内外重要时事和党的方针政策教育，并结合学生的思想实际，有重点地引导学生讨论社会现实问题，用马克思主义的基本观点、立场、方法去分析、解决学生的思想疑难，对扫除学生的认识障碍，确立社会理想有着显著效果。目前，很多学校提倡学生读名著，为学生的课外阅读选择好书，用追求马克思主义的科学知识热去消除"武侠小说"热、"言情小说"热，取得很好效果。许多中学生渴望着寻求人生的真谛，思考着社会和人类的未来，这是主题班会、课外阅读大有作为的基点。在社会理想教育过程中，要充分发挥这些教育阵地的作用。

这些教育形式应以学生自我教育为主，教师加强引导，方法更是多样化、灵活化。

（三）社会实践活动是马克思主义理论知识教育的重要途径和方法

社会实践活动是中学生了解国情，了解改革开放的成就和困难，了解社会主义制度的优越性，增加他们的感性认识和切身体会，学会运用马克思主义分析社会实际问题的好途径。通过这个途径，也较好地缩小了马克思主义理论教育与社会现实脱节的距离。在广东大中院校，社会实践和社会调查已成了必修课，成为社会理想教育的重要课程。华南师大附中从初一开始就设有军训课程，高一到高三则安排有学军、学农、学工的社会实践序列。社会调查、公益劳动等也是多种形式的实践活动。在开放的社会环境，让中学生多些接触社会，了解社会是非常必要的。组织学生参加社会实践活动，要注意作好理论准备，针对各种认识问题，有重点地解决一些关键问题。同时要注意选好社会实践的项目和地点。广东大多数中学都在珠江三角洲、边远贫困地区建立了各种不同类型的社会实践和社会调查基地，这对学生全面正确地认识社会主义现代化建设的成就和问题有重要作用。对社会实践活动作好精心的设计，使每个学生都能自觉地主动地参与，并能充分发挥社会教育的积极因素作用，正确抵制负面影响，使学生尽可能获得多方面的收益。

（四）运用榜样对学生进行马克思主义理论知识教育

我们的调查表明，每个中学生都有崇拜的偶像，都有模仿榜样的心理要求。崇高的理想形象对中学生的社会理想形成产生重要的作用。马克思、恩格斯、列宁、毛泽东、周恩来等伟大革命领袖的榜样，都对过去和现在的几代青年追求革命真理，为实现共产主义理想而奋斗产生着巨大精神力量。刘胡兰、江姐、许云峰、方志敏、卓娅和舒拉、保尔、雷锋等英雄形象铸造了 20 世纪五六十年代青年的灵魂，影响着这几代青少年的一生，激励着他们毫无保留地为社会主义祖国、为人民献出一切。创造出可歌可泣的伟大业绩。榜样的力量是无穷的。对中学生进行马克思主义理论教育，更要注意运用榜样教育，使学生分析、了解和学习榜样如何认识社会，如何树立共产主义理想，如何为实现理想而奋斗，激发学生的情感，从而确立坚定的社会主义信念。鉴于现代社会生活的多样性，学生崇拜的榜样也具有多层次多样化，价值取向也多样化，在教育过程中，就要注意选取各种典型，对学生加以榜样和价值选择的引导。如当前大中学生中掀起了"毛泽东热"、学马克思主义理论热，我们就要引导他们在寻找伟大领袖的足迹过程中，认识马克思主义是人类解放的真理，是我国社会主义现代化建设的指南，鼓励他们认真学好马克思主义理论，为振兴中华而努力。通过学习张华、张海迪等事迹，引导青少年学生逐步形成正确的世界观、人生观，把远大理想和现实生活紧密结合起来，为建设社会主义现代化从我做起，从现在做起。通过当代优秀企业家、劳动模范的先进事迹，教育学生在改革开放的条件下如何开拓创新，如何坚持社会主义方向，为发展社会主义生产力贡献力量。通过身边生活中的典型，教育学生如何对待生活对待学习对待工作，如何做一个合格的社会主义"四有"人才，等等。各类型的榜样教育，使马克思主义理论教育更具有形象性、生动性和现实性，更具有说服力，学生容易入脑，从而为确立社会理想打下牢固基础。

运用榜样教育方法要注意选取的各类型典范都要坚持先进性、代表性，要有时代性、可学性、针对性，对榜样的宣传要实事求是，使学生正确认识榜样，不能随意拔高、神化典型，对典型的某些缺陷也要正确分析，使学生对榜样有亲切感，又能把握榜样的内在精神实质，追求更高的思想境界。

进行马克思主义理论知识教育的途径和方法是多种多样的，以上仅是其中较常用的几种。在教育实践中各地各校可根据实际情况选择有效的途径和方法。

四、 马克思主义理论知识教育开端模式的特点和实施时要注意的几个问题

（一）特点

（1）本模式注重理论性和实践性、知识性和教育性相结合，克服理论教学与实践相脱节的现象，把马克思主义理论与建设有中国特色的社会主义现代化实践紧密结合。着重解决学生对社会理想的种种认识困惑，促使学生实现向社会理想认识的理性升华。

（2）加强理论的主导性和明确的针对性相结合。在强化马克思主义理论基础知识教育、发挥其在多元价值取向的主导作用的基础上，突出了针对学生的思想实际和社会实际问题进行教育，效果显著。

（二）运用本开端模式应注意的问题

（1）要注意多种教育方法的综合运用，切忌采用单一的理论灌输方法。根据不同的教育对象、不同的教育内容、不同的教育条件，采用不同的教育方法。既要有理论灌输，也要有榜样的引导，要有社会调查社会实践活动，理论要联系社会和学生的思想实际，解疑析难，以理服人。注意课堂教学方法与现代电化教学手段相结合，集体教育与个别疏导、自我教育相结合等等。通过生动活泼的理论教育，使马克思主义的一些基本原理像钉子一样钉进学生的脑中，终生受用。

（2）要注意把各种教育途径有机结合，相互补充，形成生动活泼的教育合力，使理论教育走出枯燥无味的圈子，成为学生乐于接受的精神养料。

（3）要注意经常了解学生的思想变化特点和理想状况，使理论教育适合学生特点，具有层次性、针对性，提高教育的实效性和科学性。

（4）理论教育要注意在提高学生认识水平的基础上，还要提高学生的分析、判断能力和自我教育能力，让学生掌握正确的理论学习方法和科学的比较方法。

（5）注意马克思主义理论知识教育开端的方法与其他教育开端方法相结合，在良好的理论知识基础上，结合社会主义情感的培养、意志和实践行为等方面的训练，从而促进学生的社会理想的形成。

（原载《社会理想教育新探》，暨南大学出版社，1994 年）

以情感教育为开端的
社会理想教育模式

　　情感教育开端模式，是指在社会理想教育过程中，教育者通过一系列的教育活动，采取各种教育措施，有目的有组织有计划地从激发学生的社会情感出发，从而促使学生的社会情感向社会理想升华的教育开端方法。从情感教育入手，一般是根据改革开放条件下学生的不同思想特点，培养学生正确的道德情感、社会责任感、正义感、民族自豪感、幸福感、美感、集体主义感等，其中集体主义、爱国主义情感教育是社会理想教育的重要内容。广东省一些实验学校根据当前中学生的情感状况，采取从爱国主义情感培养的开端方法，使社会理想教育取得显著效果。情感教育也可有多种形式的开端。本节的情感教育开端模式，着重于从爱国主义情感的培养作开端的探讨。

一、 情感教育开端模式的意义

（一） 爱是社会理想教育的情感基础

　　苏联教育家苏霍姆林斯基说："儿童接受、理解、懂得真理，还不等于有了信念。真理是我们力求向青少年灌输的思想，是我们为他们开辟的独立行走的生活小道。只有当真理变得像亲生母亲那样可爱时，它才能变成信念。"情感是人对周围现实和对自己的独特的态度，通过各种情绪体验的形式表现出来，反映了人的需要和与社会的关系，是人的精神状况表现。社会情感是人的高级情感。健康的、积极的、高尚的情感，能够激励人们追求崇高的理想，成为人们前进的精神动力。列宁指出："没有'人的感情'，就从来没有也不可能有人对于真理的追求。"① 理想是知识、情感、意志、目的的统一。情感因素在理想的形成中具有重大作用。

人是有感情的，喜怒哀乐憎爱惧等反映了人的情感类型。人们不会去做他不喜欢的事，不会追求他不热爱的东西。社会理想的培养和教育从爱国主义教育入手，正是立足于学生的情感需求，把社会理想与爱国情感结合起来。对剥削制度的强烈憎恨，也可以激发人们对社会主义理想的热爱和认同。中华人民共和国成立前，我国不少志士仁人就是出于对三座大山的憎恨，经历了千辛万苦，寻找到马克思主义这一救国真理，前赴后继，不怕牺牲，为实现共产主义理想而奋斗。"砍头不要紧，只要主义真。"成千上万的革命烈士、革命前辈用生命和鲜血换来了社会主义新中国的今天。一个值得憎恨的时代已经结束，社会主义的道路已经开辟，但道路还很长，很曲折，我们要加倍珍惜和热爱我们的新时代，要继承革命先辈的事业，建设富强的社会主义现代化祖国。对旧社会的恨和对社会主义的热爱，都是确立社会主义理想的重要情感基础。没有这种强烈的爱憎感，也就谈不上对社会主义、共产主义理想的追求。

（二）情感教育是社会理想教育的重要方法

实践证明，情感教育是社会理想教育的重要方法。我国许多中小学优秀班主任、教育工作者就采用了情感教育入手的方法，转变后进生的思想，改变了差班差校的面貌，为社会主义事业培养合格人才。如全国有名的老一辈教育家斯霞、霍懋征、毛蓓蕾、丁有宽以至年轻的优秀班主任小艾等都坚持"爱"的教育，培养学生健康正确的情感，从而转变了学生思想，引导学生全面发展，创造了众口皆碑的业绩。现在，我们在社会理想教育的科学实验中，有相当部分学校也根据本校学生的思想特点，从爱国主义的情感培养入手，进行社会理想教育，形成了社会理想教育从情感培养开端的有效教育模式。王逢贤教授主持研究的中小学生爱国主义共产主义教育，其研究成果也充分反映了爱国主义教育是理想教育的重要入手口。

---

① 列宁. 列宁全集：第二十卷 [M]. 北京：人民出版社，1958：255.

（三）从情感教育入手是适应了当前中学生社会情感的需求特点，是最佳的社会理想教育的着手点

改革开放十年来，我国人民的精神面貌发生了巨大变化，人们的感情世界也变得丰富多彩，情感需求也多层次多形式。社会现实的变化也影响着中学生。从中学生的爱国主义情感培养入手进行社会理想教育，正是把握了当前中学生的情感特点，是最佳入手处。据我们的调查了解，开放城市中学生当前的情感状况从总体上看表现出以下特点：

1. 具有丰富多彩的情感需求，易激动，爱表露

开放城市中学生由于受社会生活多样化的影响，加上紧张的学习压力，使他们对生活、友谊，对成人的关系，对将来都产生种种向往和渴望，特别是感情的需求更加强烈，他们希望得到父母老师的爱与尊重、理解，希望得到同龄人的真诚友谊，对异性也产生交往的需求，喜欢在异性面前表现自己。现代文化特别是影视文化对中学生影响很大，影视文化中宣传道德、法制、正义感等对学生有积极影响，一些改革者艰苦创业的形象也感染学生，对学生确立社会理想有促进作用。但同时，一些不健康的影视产品对中学生产生着负面影响，如当前中学生中出现不少早恋现象，有些甚至成为少年流氓犯。有的中学生讲哥们义气，为所谓朋友而结群打架、侮辱伤人等等。有的中学生对学习生活的紧张艰苦或对家人朋友的感情障碍感到厌烦、痛苦而弃学、离家，造成种种社会问题。

中学生的情感很强烈、容易激动，情感内容和表现形式丰富多彩且很复杂，有较高的道德感，对社会不良道德现象十分痛恨，有较强的集体主义感、友谊感、爱国感、美感等，对生活充满热情，喜欢情感的表露，有一定的情感调节和控制能力，但还不能正确处理感情问题，如果缺乏正确的引导和教育，则容易走向极端，出现不良现象。

2. 热爱祖国，热爱家乡，有新的乡土观念

开放城市中学生都热爱祖国，热爱家乡。据我们在实验学校抽样调查，关心国家命运和关心本地区发展的中学生占大多数。但在改革开放条件下，由于各地区各城市经济发展不平衡，这就使中学生的乡土观念发生了变化。他们不像前辈那样钉在家乡或一个地方勤勤恳恳地为改变家乡面貌作贡献，而是向往经济文化比较发达的地区，到容易赚钱的地方工作，这种状况在经济发展较慢、开放程度较低的地区的中学生中更为显著。开放比较早、经济文化比较发达的城市和地区的中学生则外流较少，比较安心在本地工作。但也有少数中学生还向往外国生活。可见，开放条件下的中学生爱国爱乡感情受到经济文化条件的影响。他们中有部分人希望像一些海外华侨一样，赚了大钱后再支持家乡建设。对此，我们在

社会理想教育中要注意加强艰苦奋斗建设祖国建设家乡的教育。

3. 痛恨社会不良现象，支持改革，对社会主义有感情

在改革开放过程中，随着经济的发展，各种西方文化、生活方式的渗入，以及我国市场经济正处于发育阶段，社会存在着不正当竞争的现象，党内外一些党员、干部经受不住金钱的诱惑，走上了以权谋私、贪污腐化的犯罪道路，极大地影响了社会风气。对此，中学生表现出极大的愤慨。他们都支持改革，认为只有改革才能实现社会主义四个现代化，才能改善人民生活。对改革中出现的一些暂时困难和曲折，他们相信我们党和政府、全国人民共同努力是完全可以克服的。从家庭生活的变化和社会的变化看，他们感受到社会主义的优越。特别是特区的中学生，有不少是从内地来的，更加体会到改革开放的好处。开放城市与港澳台同胞和海外侨胞往来较多，中学生虽然了解到那些地区及国外物质生活条件比较好，但缺乏安全感、缺乏亲情。他们觉得国内社会主义条件下人与人之间的感情比外国强，生活的安全感也强于外国。从种种比较看，他们对社会主义的感情还是较深的，对祖国是热爱的，并迫切希望祖国能迅速富强起来。这是社会理想教育的重要感情基础，是爱国主义教育的良好条件。

二、 情感教育的主要内容

人的情感是非常丰富复杂的，这就决定了情感培养的丰富性和复杂性。社会责任感、美感、道德感、集体主义情感、爱国主义情感是形成社会理想的最重要最基本的情感基础，我们在选择教育内容时，也就主要以培养这些情感特别是爱国主义情感的教育内容为主。

1. 热爱自己、热爱生命、热爱父母的教育

这是爱国主义情感教育的起始点。爱是爱国主义的基础情感。爱的情感培养首先从爱的主体本身及其亲近的人与事物开始，逐渐扩展升华为爱国主义情感。同时，要懂得生命的价值、意义，才有可能实践爱国主义义务。

2. 热爱班集体、热爱学校的教育

这是培养集体主义情感的基本要素。通过爱班爱校的教育，使学生懂得班集体和学校是个人成长的摇篮，要正确处理好个人与集体的关系，树立正确的公私观和形成基本的道德品质。

3. 热爱家乡热爱祖国的教育

对学生开展国情乡情教育，让学生了解家乡、祖国的自然地理环境、资源、人口、文化素质状况等；了解家乡、祖国的历史和现实变化状况和文化传统、社

会制度、社会性质；了解我国为什么只能选择社会主义道路，为什么只有社会主义才能救中国才能发展中国，了解我国为什么要实行改革开放的方针，为什么要在改革开放中坚持四项基本原则；了解本地区和我国历史上的爱国者事迹以及现实中为振兴中华造福家乡人民的模范人物事迹；等等。教育学生热爱家乡、祖国的山水名胜、建设成就，从而激发他们的民族自豪感。激励他们为振兴中华，为建设强大祖国而努力奋斗。

4. 热爱祖国的优秀文化传统教育

在开放性的时代，中西文化的碰撞、交融，使不少青少年产生种种困惑。中华民族优秀文化传统具有强大的凝聚力，是世界文化的瑰宝。如何正确认识和继承发扬祖国的优秀文化传统，弘扬民族精神则是爱国情感教育的重要内容。要对学生进行我国文化发展史和近现代屈辱史教育，激励学生为创造我国现代新文化的辉煌而努力学习。

5. 热爱社会主义制度教育

这是由爱国主义情感上升为爱社会主义情感的重要基础，是形成社会主义理想的必要条件；要对学生进行社会主义制度的本质，社会主义现代化建设的道路、方针、政策和伟大成就等方面教育，使学生理解社会主义制度是适合我国国情的立国富民的制度。至于社会主义建设过程中出现的挫折和错误，我们正在改革过程中不断纠正。社会主义制度的巨大优越性已雄辩地展现在全国和全世界人民面前。通过教育，激发学生为实现社会主义理想而奋斗的热情并促使其升华。

6. 热爱中国共产党的教育

使中学生认识到中国共产党是社会主义现代化建设的领导力量，其最高理想是实现共产主义，是全国人民热爱和拥护的党。

爱国主义情感是一种民族情感，也是一种道德情感，具有丰富的多层次的内涵。进行社会理想教育从爱国主义情感教育入手，引导学生热爱社会主义和中国共产党，这就使爱国主义情感教育注入了政治情感的内容，是社会理想教育的最高层次。在社会主义市场经济条件下，进行以政治情感为主导的爱国情感教育，是一项高难度的教育工作。我们要结合市场经济生活的实际，使中学生把中国共产党与社会主义事业、与祖国的前途命运联系起来。对中学生进行党的历史知识和优良传统、优良作风、党的最终目标教育，要让中学生知道，我们今天的幸福生活，我们祖国的强大独立，是无数共产党人和革命志士用生命和鲜血换来的，他们把生命和一切都献给了祖国，献给了人民，献给了共产主义事业，谱写了人类历史上最可歌可泣的革命篇章，是我们学习的榜样。使学生认识到改革开放的巨大成就就是实行了党的正确路线方针政策的结果，社会主义现代化建设过程中出现的某些失误和实行市场经济体制过程中出现的某些丑恶现象，我们党完全有能力去纠正，也完全能够依靠自身的力量清除腐败，端正党风，取信于民。尽可能使更多的学生确立坚定的共产主义信念，并努力争取加入中国共产党。

以上仅是以爱国主义情感教育为主的一些主要内容。在教育过程中应根据教育对象的特点，将教育内容具体化层次化，形成情感教育序列，并编写好各种教材和乡情教育补充教材。

三、 情感教育开端模式运行的途径与方法

情感的培养和激发，可以通过各种各样的途径、教育形式和教育方法。社会大环境的影响，特定场合情境的感染熏陶，对失学青少年的帮助和支持，对后进生的热情关怀等，都可以激发崇高的社会情感，而且不受时间、地点、场所的限制。根据我国各地的教育经验和本课题的实验学校的实践，我们仅从丰富多彩的成功教育经验中介绍几种主要做法。

（一）教学途径，以课堂教育为主阵地

中学的政治课、语文课、历史课、地理课等是进行爱国主义教育的主要课程。通过这些课程对中学生进行中国社会发展史特别是近现代史以及世界发展史知识的教育。从历史的纵向比较，培养学生民族自豪感和民族气节，认识到社会能使我们中华民族扬眉吐气，独立富强。

课堂教育应尽量做到具体、形象、生动，以情感人；在评价历史人物和事件中要做到客观公正，以正确观点引导学生，引起感情上的共鸣。电化教学应占较高的比例。

（二）开展各种校内课外活动，创设各种教育情境

1．开展升国旗、唱国歌的活动

这项活动在中小学广泛坚持进行，在庄严肃穆的气氛中中小学生的爱国主义情感不断增强。据中央教科所德育研究中心 1993 年对全国中学生的抽样调查，89.3% 的中学生认为升旗仪式很有必要。

2．开展学英模、爱祖国、振兴中华的系列活动

这项活动可采用请进来走出去的方法。通过学习历代爱国主义者的事迹和亲身感受当代英模以献身社会主义现代化建设为理想而奋斗的风采，激发学生爱国之情，立报国之志。

3．开展纪念、庆祝重大节假日活动

以文艺表演、广播、墙报、主题班会、团队组织等多种形式，宣传爱国主义

主旋律，让每个学生都积极参与，主动接受教育。

4. 用学生社团活动等形式，让学生自主地自我教育

可以结合参与各种社会调查、文明建设活动，写出感受体会等去进行。

5. 开展影评歌评、名著赏析等活动

使学生在价值分析中认识社会、认识人生，在美和丑的对比中由情感的激发转向理性思考达到理想的升华。

（三）充分发挥学校—家庭—社会德育网络的教育功能

1. 家庭是爱国主义情感教育的重要阵地

家庭成员的爱国情感、理想信念对孩子产生着直接的影响。学校可通过"家长学校""家庭教育委员会"等途径，与家长密切配合，形成一致性的爱国主义教育社会理想教育链。通过家庭的变化、家长的言传身教，情绪感染，增强学生对祖国的自豪感、依附感和对社会理想的追求。

2. 建立爱国主义教育基地，充分挖掘校内外的德育资源

这是各级政府部门、社会各界与学校共同参与建设的大事。近几年来，各级政府都非常重视爱国主义教育，大力投资建立各类型的德育基地。如广东江门市，利用本市在近现代涌现的戊戌变法领袖梁启超，爱国志士陈白沙、陈少白，爱国华侨领袖司徒美登，中国第一位飞机师冯如，革命烈士、广州起义领袖之一周文雍，民主人士领袖雷洁琼等事迹，投资100多万元在他们的故乡建立起革命传统和爱国主义教育十大市级校外教育基地，供大中小学生教育使用。各县（市）镇与学校也分别共建起县、镇、校级的德育基地，充分挖掘社会教育资源参与学校教育。广州市执信中学在社会理想教育实验过程中，利用校内朱执信的革命事迹和学校所在地的黄花岗七十二烈士墓、广州起义烈士陵园以及先进企业等作为爱国主义、社会理想教育基地。华南师大附中则走出校门，建立有边远山区农村、国营大企业、高科技部门、军警部队等各类型各层次的教育基地。这些教育基地的建立，增加了学生的感性知识和情绪体验机会，收到了良好的教育效果。

3. 建立各种形式的社会教育网络，形成有效的教育机制

如建立"青少年教育协调委员会"，把社会工青妇、公检法、党政各有关教育部门和学校教育部门统一起来，形成合力。建立"社区教育委员会"，形成区域性的教育网络等。通过优化各层次的社会环境，人人关心青少年的健康成长，使社会理想教育入心入脑，提高实效。广东省潮州市社会教育网络发挥了重要的作用，其教育经验得到全国教育同行和行政部门的肯定。

四、 情感教育开端模式的特点和实施时要注意的问题

（一）特点

1. 爱国主义情感培养具有广泛性

首先是教育内容教育题材具有广泛性，可在各个学科、各个领域和社会的各个方面取得素材。其次是教育场景有广泛性。再次是情感的触动点也有广泛性，如正义感、自豪感、耻辱感、同情心、爱心、责任心等。这些只要加以正确引导，都可以激发学生的爱国情感。

2. 爱国情感教育方式方法具有多样性

前面已作了论述，这里从略。

3. 爱国主义情感教育空间具有开放性

爱国情感不再是封闭式的学校教育，而是整个社会都参与，涉及社会政治、经济、文化各个部门，以及各家庭、各种社会团体的开放性教育。在现代化的信息社会，在改革开放的环境，这种开放性已发展到更深更广的程度。

4. 爱国情感教育具有情理交融性

爱国情感的启动不仅仅需要教育双方的感情的投入，也需要有理论的引导，两者结合就能做到理性升华，形成社会理想。

（二）爱国主义情感教育开端模式的运行需注意的几个问题

（1）爱国情感教育要注意了解受教育者的情感接受点和善于激发情感。情感接受点是指受教育者对教育信念有一个情感认可接受的范围，在这个范围内较容易接纳教育者的要求，反之，超出了这个范围，则会引起受教育者的反叛情绪，形成教育的情感障碍。如对侵略者屠杀我国人民的愤怒、对爱国者的尊敬情感表露等，是教育的最佳时机，能提高教育效果。但有时受教育者的情绪表现不一定很明显，教育的时机也不一定出现，这种情况下，教育者就要利用各种相关诱因，激发学生的感情，这是完成教育任务和教育内容的需要。对不同情感状态的教育对象就要采取不同的教育对策。

（2）在教育过程中要注意处理好个性发展与国家、集体的发展要求的关系，处理好个人理想与社会理想的关系。

（3）要注意教育的层次性和整体性的关系。根据学生的年龄和知识水平，教育的内容、范围要求和力度应从低到高发展。但也要注意教育内容的整体性，要有中心有重点地培养爱国主义集体主义情感，也要注意其他相关情感培养，道德感、美感、责任感、使命感等更不能偏废，这些情感是爱国情感的重要内容。

（4）要注意教育过程的生动性形象性，要运用一切现代化条件和教育手段，要充分发挥影视歌、文艺作品等教育作用和先进榜样作用，开展生动形象的教育。

（5）要注意培养学生的移情心理能力，既能较快地对爱国情感教育的要求认同，也能及时地迁移到社会理想的要求境界，达到教育的开端与目的的统一。同时，还应引导学生有广义的爱国情感，即有全球意识，关心人类的和平与生存环境，关心全球的生态平衡等问题。

（原载《社会理想教育新探》，暨南大学出版社，1994 年）

以良好心理素质教育为开端的社会理想教育模式

以良好心理素质教育为开端的模式，是根据社会理想教育的需要和当前学生心理特点，从培养学生良好的心理素质入手，把社会理想内化为学生个体的理想并体现在行动上。

一、良好心理素质教育开端的意义

（一）良好的心理素质是确立社会理想的重要心理基础

任何教育活动都要受学生身心发展规律的影响和制约。社会理想教育也不例外。学生是教育的对象，也是认识的主体。学生主体的心理素质水平是社会理想教育的内在条件，任何教育影响都必须通过学生主体的内因才能起作用。良好的个性心理素质是确立社会理想的重要基础。如：良好的自我意识是产生社会责任感的基础，社会责任感又是确立社会理想的重要情感；自尊自爱，是培养爱国爱乡爱社会主义情感的基础；自信心，是对社会发展充满信心，是相信社会主义事业必定胜利，从而确立坚定信仰的基础；独立自主的意识和自我肯定、自我分析、评价能力是进行价值判断价值选择，坚定社会理想信念的基础。

在现实生活和工作中，难免会发生种种矛盾，如个人兴趣与需要的矛盾，个人利益与集体利益的矛盾、个人需求与社会需求之间的矛盾，这就要有良好的自制力，在发生矛盾时，能较好地进行心理调整，较好地适应社会需要。改革开放的社会环境，存在着各种各样的外来文化、思想意识、道德观念及各种生活方式的影响，这就要求每个学生能明辨是非，提高思想觉悟，自觉抵制各种不良影响，严格按社会主义道德规范和中学生日常行为规范要求自己。在学习过程中，要求自觉、刻苦、认真掌握科学文化知识，成为对社会有用的人才。在市场经济社会环境中，存在着多种多样激烈竞争关系，心理素质往往起着重要作用，能做到胜不骄、败不馁，灵活多变，才能正确面对社会，健康成长。

在我国目前生产力水平还不很发达的条件下，进行社会主义现代化建设，实现共同理想，不仅要有很长一个时期，而且会有很多困难，需要每个人付出自己的精力、毅力和聪明才智。这就需要培养学生具有良好的个性心理素质，培养坚强意志力、耐力、应变能力、乐观精神，从而战胜实现理想过程中的各种困难，包括战胜自身的心理障碍，培养利他的、爱集体的、献身社会的精神，战胜个人主义、享乐主义的诱惑。社会主义现代化建设过程中，要大力发展社会主义市场经济，要坚持改革开放，就要求每个人在经济交往对外交往中，坚持社会主义原则，坚持独立性，保持国格人格，维护社会主义集体利益。要改革创新，就要求有创造精神和创造能力，才能建设有中国特色的社会主义。可见，良好的个性心理素质是实现社会主义共同理想的必备条件。社会理想教育必须重视培养学生良好的个性心理素质。

（二）培养良好的个性心理素质是当前学生心理发展的要求和社会理想教育的需要

根据我们对社会理想教育的实验学校学生的研究和分析及对其他城市和开放地区的学生的调查，当前我国中学生的心理素质大致存在着如下几种状况：

1. 自我意识的发展与社会责任感薄弱的矛盾

中学阶段，是学生的自我意识迅速发展的重要阶段，表现出：独立性增强了，有强烈的自尊心、自信心和自主自立的愿望，有强烈的自我表现欲望；评价和自我评价的能力增强了，能够客观地评价别人，评价社会现象，也能较客观地分析自己，评价自己，有自我认定的需求；自我控制的能力逐步增强，能在一定程度上进行自我心理调节；等等。但由于他们在思维发展上还存在片面性，加上受社会某些个人至上思想的影响，他们也存在着重视自我、强调自我而社会责任感薄弱的矛盾。调查材料显示，有65%的初中生、83%的高中生强烈要求自主自立，平等对待，互相尊重。学生对所在班级学习态度分析，认为班级里真正"为中华崛起而读书"的同学占绝大多数的只有7.6%，认为比较普遍的有16.5%，认为有一些的有41%，认为没有的则有20%。从这些学生对自己同学的估计看，真正具有"为中华崛起而读书"的社会责任感的学生只占小部分。

社会责任感薄弱和自我意识增强的矛盾存在，若不进行教育和引导，则会偏向"自我中心""自我至上"的方面发展，从而形成社会理想教育的障碍。因此，中学阶段，在培养学生健康的自我意识的同时，加强社会责任感教育是一个重要问题。

2. 向往高尚品德与某些不良行为失控的矛盾

据我们调查，当前中学生都崇敬有高尚道德品质的人物，有81%以上的中学生赞成学雷锋、学赖宁，有57%的中学生有自己的道德信条，大多数中学生最欣赏诚实守信的品质和乐于助人、勇敢正直、大公无私的品格。但是，中学生中也存在一些不良行为失控的现象。如有少数中学生，由于家庭教育不良，受社会坏人利用，参与盗窃钱物，手段成人化；有个别学生，由于看黄色书刊黄色录像，出现性罪错行为，有的中学生受外来暴力影视打斗场面和手段的影响，结伙打群架，为了所谓哥们义气，甚至跑到外地去打架，造成两败俱伤，影响极坏。个别地方还发现有个别学生参与吸毒。青少年犯罪问题已引起人们的注意。其中流失生在校生犯罪问题更引起教师、家长的焦虑。这种行为失范的状况，是社会理想教育中要认真重视的问题。中学生向往美好人格高尚品德的主流是社会理想教育的重要基础，关键是如何使中学生把对美好人格品质的向往转化为自身的品质，并转变成道德行为。

3. 个性发展的需求与社会约束的矛盾

当前中学生有着强烈的自主自立愿望。想摆脱成人的束缚，想参与社会文化生活，但在经济上又无法独立，繁重的学习任务也不允许他们把更多的时间和精力投入外面的精彩世界。大多数学生长期受到家长、老师的严格管束。调查表明，有39%的学生表示讨厌老师，家长常干涉他们，教训他们；有63%的中学生表示喜欢和同学组织各种活动而不想老师来帮忙；有64%的学生甚至表示喜欢自由自在的生活，摆脱他人和社会的管束。据1993年全国的调查，中学生有心里话对要好同学讲的占56.3%，对父母讲的占22.5%，对班主任讲的只占2.9%。社会主义制度为每个人的个性自由发展提供了条件，中学生个性发展的愿望得到鼓励，但同时，个性发展还要受社会发展的约束，每个人都要遵守社会主义法纪，要遵循社会主义道德原则、规范，中学生在行为上还要遵守《中学生日常行为规范》。这种心理矛盾，往往会使他们产生烦闷、抑郁的感觉，甚至会对成人、师长、社会产生逆反心理，需要认真进行心理疏导。

4. 渴望成才与自卑自弃的矛盾

中学生有强烈的成才愿望，绝大多数中学生都希望学习好，都有自己一些成才目标和职业向往。但同时又有部分同学存在着自卑自弃的心理，这种心理普遍存在于职业中学、生源较差的学校的学生中，也存在于一般中学和重点中学部分学生中。职业中学和生源较差的学校学生入学成绩一般较差，进入这类学校读书的事实本身就成为他们自卑自弃的心理原因。在一般中学和重点中学中，有部分学生在紧张的学习中，由于升学竞争、学习任务的压力很重，加上学习能力、体力等等原因，也会形成自卑心理，甚至会产生自弃心理。这种成才的要求与自卑自弃的心理矛盾，严重地困扰着中学生的学习和个性健康发展，是社会理想教育要解决的重要问题之一。

5. 实现理想的愿望与意志薄弱的矛盾

中学生对理想充满了向往，充满热情。但是，不管实现哪种理想都需要付出巨大的精力和毅力，需要顽强的意志和艰苦奋斗的精神。而意志薄弱是当前中学生的一大弱点，不少人遇到困难和挫折就气馁，就退缩，失去斗志，理想也就作罢了。有个别学生经不起打击而自暴自弃走极端，甚至自杀。培养坚强的意志是社会理想教育的又一重要任务。《夏令营里的较量》一文所引起的轰动和思考，正说明了培养学生良好的个性心理素质再也不能忽视了。

二、 良好心理素质培养的主要内容

人的个性心理是社会性和个体的自然特性的统一，培养健全和谐的个性心理，内容很复杂。因不同年龄不同知识水平不同生活环境不同家庭背景不同经历的人有着不同的心理需求和发展特点，在教育过程中，教育内容也只能根据青少年心理发展的一般规律和当前社会发展的要求去选择。理想信念是个性心理发展的最高水平，自我意识、品德、能力、性格、气质等，则是个性心理的重要结构成分，是形成社会理想的重要基础。我们从当前中学生的主要心理特点和社会主义市场经济的社会条件，从社会理想形成的心理要求等方面考虑，认为培养良好个性心理素质的主要教育内容有：

（1）良好品德素质的培养。包括公德心、诚实、守信、宽容、爱心、同情心、责任心、正直、勇敢、遵纪守法等。

（2）培养健康的自我意识和社会意识。主要培养学生的自信心、自尊心、独立自主精神和自我评价、自我分析、自我调控的能力，以及健康的社会意识等。

（3）培养现代社会所需要的基本能力。主要培养学生的公平竞争能力、社会适应能力、社会交往能力、创造思维能力、自理能力、开拓创新能力、团结协作精神、敬业创业精神、献身精神、求实精神等。

（4）培养学生具有坚强的意志品质。主要包括艰苦奋斗、不怕挫折的意志力，追求理想锲而不舍的毅力和抗诱惑力等。

（5）培养学生健康优良的性格。如热情、开朗、乐观、向上、有较广泛的兴趣爱好等性格特征。

以上内容是从学生整体发展方面考虑的，由于学生的个性发展差异很大，教育者应根据不同学生的情况施以不同内容的教育。同时，这些教育内容仅是个性心理素质培养内容的主要部分，并没有包含全部，在教育过程中，教育者也应根据学生和社会发展要求不断更新。

三、 良好个性心理素质培养的主要途径和方法

（一）主要教育途径

个性心理特征主要是个体与社会环境下相互作用的反映。培养学生良好个性心理素质也就需要从社会各方面各种途径进行。

1. 家庭教育是培养学生健康个性的重要途径

家庭成员的个性品质对学生从小就起着潜移默化的熏陶感染作用。父母长辈要注意自己的言行，对孩子起好榜样，注意在日常生活中与孩子相互沟通、理解，做孩子的严师益友，形成民主家风，促进孩子身心健康成长。家长要注意对孩子的教育方法，切忌滥用家长权威，滥用棍棒，以免扼杀了孩子的个性健康。破裂家庭的家长更要注意建立良好的家庭教育环境，不能因为生活的挫折而影响孩子的个性健康发展。培养"小皇帝""小公主"的温室催长法是有害于年轻一代的。家长要教育小孩学会关心父母长辈，关心他人，学会生活的本领，能刻苦耐劳，在生活的点滴中形成良好的品德素质。

2. 社会环境是学生健康个性心理素质培养的大场所

开放环境与封闭社会对学生的个性发展的影响有着巨大的差异。社会文化、社会意识、价值导向对学生的品德心理有着重要影响。建设有利于青少年一代健康成长的良好社会环境，是各级党政部门、全体社会成员的责任。净化社会空

气，扫除"七害"，杜绝犯罪根源，是青少年的个性健康发展的必要措施。弘扬社会理想，弘扬时代精神，建设好社会主义的物质文明和精神文明，是培养学生良好个性心理素质的必要条件。要充分地发挥社会教育影响的积极作用，人人关心青少年一代的健康成长。

3. 学校教育是学生个性心理素质培养的主要途径

学校的教学活动可以提高学生的道德认识、道德判断水平，民主的、启发式的教学过程可以活跃学生思维，培养各种创造思维能力、自信心和刻苦钻研精神。班集体活动、各种课外活动，可以培养学生的自主精神、自我管理能力、各种动手能力。发展兴趣爱好，满足学生的心理需求，在活动中形成责任感、荣誉感。校园文化建设对学生的个性心理、道德情操的形成有强大的感染力。

（二）主要方法

对不同的教育对象，方法也应不同。人的内心世界是非常复杂多变的，个性心理品质的形成也非常复杂，教育的方法也就复杂多样。以下介绍的仅是目前常用的几种主要方法，有些也可以说是途径与方法的结合。

1. 社会调查、社会实践法

这是德育常用的方法。针对当前中学生社会责任感薄弱的状况，组织中学生参加社会实践和社会调查、访问活动，进行社会责任感教育，让学生在接触社会现实和典型人物的过程中，认识到每个公民的权利和义务，认识和强化自己的社会责任，认识到建设社会主义现代化事业需要开拓、进取、创新的勇气，需要讲求实效、艰苦奋斗的作风，需要实事求是、独立思考的科学精神和科学思想方法，激励学生以模范人物为榜样，在学习过程中努力培养自己的良好个性品质。

2. 道德行为训练法

加强道德行为规范的训练，也是发展学生良好个性品质的重要途径和方法。针对有些中学生出现不良行为的状况，应严格执行《中学生日常行为规范》和强化道德行为训练，加强道德榜样教育和法律、纪律教育，严格执行德育考核制度，使道德规范、纪律要求逐渐内化为学生的个性品质。否则，社会理想教育就会成为空话。

3. 锻炼法

除了军训、学工、学农等锻炼形式外，可根据学生的不同特点，有针对性地组织一些夏令营、冬令营之类的活动进行强化性锻炼，促进学生个性心理品质健康发展。

4．评价法

组织学生对自己、对他人、对社会各种现象、事物、影视人物等进行评价，在评价过程中提高认识，扬长补短，并形成科学的评价标准，规范自我的行为。

5．心理辅导与治疗法

这是近几年来在我国中学逐渐兴起的一种教育途径和方法。华南师大附中等学校派老师进行了专门的培训。深圳市实验学校、育才中学等心理辅导活动受到学生的欢迎。由于社会、家庭、学生自身发展等各种因素的影响，中学生中普遍存在着各种各样的心理问题，需要成人的引导和帮助。这些心理问题如果得不到解决，将会影响学生个性的健康顺利发展，将会成为社会理想教育的心理障碍。根据国内外教育经验，在中学开展心理辅导与治疗很有必要，这是一个促进学生心理健康发展的有效途径，对社会理想教育具有重要意义。社会上也有如广州中学生"心声"热线电话、北京青少年热线电话等心理辅导的好形式，但这方面的活动仍未能充分满足学生的需要，还有待进一步推广和完善。

四、 良好心理素质教育开端模式的特点及实施时要注意的问题

（一）主要特点

（1）本开端模式的着手点是个性心理素质的培养，着眼点是学生社会理想的形成，两者是相互联系的统一体，着重解决社会理想教育的心理基础问题。

（2）本模式的教育内容具有复杂性和多向性，既有道德认识、社会政治方面的内容，也有心理、生理发展方面的内容；既有理论上的引导，也有日常行为规范的训练；有整体规律性的教育，也有个别的心理辅导；等等。

（3）本模式的教育方法具有灵活性。人的心理活动是因事因时因地等各种诱因而发生不同变化的，教育的方法也要相应变化，以求取得实效。如同是心理疏导法，因不同的人和事，疏导的方式也要有所不同。

（4）本模式的运用注重发展性。良好心理素质的培养着重于抓基本素质培养，这过程注重引导向高层次的素质发展。抓基础素质的培养时，注意在学生心理发展的不同阶段给予适当的超前性教育，使他们顺利地度过各个心理发展期，引向积极方面，减少不良行为出现，以达到社会理想教育的目标。

（二）实施本模式注意的几个问题

（1）在教育过程中应注意集体教育与个别教育相结合，提高认知水平与行为训练相结合。对话，要注意与学生的心理沟通。

（2）要注意了解学生，要把心理、生理问题与道德品质、思想意识等问题区别对待，切忌教育方法的简单化、片面化、绝对化。要注意与学生的心理沟通。

（3）要注意尊重学生的人格，不要伤害学生的自尊心，还要为学生的某些心理倾向"保密"。

（4）要注意处理培养学生良好的个性与社会性的关系。注意以社会理想为导向，引导学生个性健康发展，而不是压抑学生个性，要使个性与社会性有机地统一起来。

（5）要注意借鉴国内外心理教育的先进经验，与本校实际相结合，合理应用各种先进教育手段和方法，注意与社会教育形式配合。

（6）要注意提高教育者的素质和教育水平。目前我国心理辅导教师奇缺，应注意加强培养和训练。

（7）注意本开端模式本身也具有多种教育的开端的问题，可以从知，也可以从情、意、行各个方面着手。

（原载《社会理想教育新探》，暨南大学出版社，1994 年）

以生活理想和职业理想教育为
开端的社会理想教育模式

　　生活理想教育开端模式，是通过各种教育途径引导学生确立正确的物质生活和精神生活观，选择健康的生活方式，从而确立社会理想的追求。

　　职业理想教育开端模式，是从引导学生确立正确的择业观和成才观，根据个人特点与社会发展的需要正确选择专业、职业，成为社会有用之才的教育开始，逐渐形成社会理想。

　　马克思主义认为，人的客观需要是人类社会发展的动力。人的需要是有层次的，首先是生存需要，然后是发展的需要。同时人的需要具有客观性、社会性。所以，人们对理想的考虑也是一个从低层次到高层次，从物质的生活理想到精神的生活理想，从个人的具体理想到社会的共同理想，再到远大的社会理想的发展过程。进行社会理想教育从生活理想或职业理想入手，正是立足于理想的基础层次，从低到高地引导到社会理想这个层次上来。

一、 生活理想和职业理想教育开端模式的意义

（一） 生活理想教育开端的意义

1. 生活理想为社会理想的形成提供基础和动力

物质生活和精神文化生活条件是人们生存和发展的最基本条件，人们考虑问题，追求理想，一般是立足于现实生活的。理想与现实的矛盾，往往也产生于生活中。

生活理想是人们对个人未来物质生活、精神文化生活的向往和追求，主要包括衣食住行等方面的物质生活，各种审美情趣、兴趣爱好、体育娱乐，友谊、感情、知识等精神文化生活，以及美好和谐的家庭关系等等方面的向往和追求。这是最实际的最基本的生活需求，在这个基础上，才能更好地激发社会责任感，追求崇高的社会理想。生活理想属于个人理想的范围。个人理想是社会理想形成、发展的前提和基础。个人的生活理想的形成，总是离不开社会的生活条件和社会各方面的影响的。个人生活理想的实现也受到社会条件的制约。人们对生活理想的考虑除了个人对生活的追求和向往外，还要考虑实现生活理想的可能和条件、途径，这都反映了个人理想与社会理想的联系，要实现个人理想，必须实现社会理想，两者互为条件、互为因果。但人们考虑问题一般从个人需要出发然后考虑社会发展需要，是在个人理想的基础上激发社会的理想的。

人们对生活理想的考虑和追求，可以成为社会理想形成的动力。这种动力作用表现为：当个人生活理想能得到较顺利较好地实现时，会激发人们对美好社会制度的感情，从而产生确立和实现社会理想的愿望和决心；当个人生活理想未能很好实现时，可能会产生改造社会、追求美好社会理想的要求，也可能会对社会产生反叛心理，以对抗形式去追求其理想的社会。不管哪方面，都要正确引导到社会主义社会理想方面来。

社会主义现代化建设和改革成就，为生活理想的形成和实现打下了良好基础，从而为社会理想教育提供了良好条件。改革开放十多年来，社会主义现代化建设取得了显著成就，社会生产力大大提高，物质生产生活资料大大丰富，人民生活水平日益改善，各种精神文化产品逐渐丰富，文化市场日渐兴旺，大大丰富了人民的物质生活和精神文化生活，人民的消费水平和现代化生活水平大大提高。特别是在不违反社会主义集体主义原则下，个人先富起来的共同富裕政策以及开放城市经济发展的有利条件，使开放城市和地区的人们对生活理想的实现更充满信心，从而也增强了对社会理想的信心。这对中学生有积极影响，是从生活

理想教育入手进行社会理想教育的良好基础和条件。当然，我们也不能忽视社会生活中存在着对社会理想教育的负面影响。

2. 从生活理想教育入手是当前中学生生活理想发展状况的需求

据我们调查，当前中学生的生活理想有以下几方面的主要特点：

（1）讲求实际，向往幸福生活。当前中学生比较向往幸福的家庭生活，希望有较多的钱花，但也不把追求金钱、物质享受放在最重要地位。对"如果现在有一个能赚很多钱的工作，你打算如何？"的回答先考虑一下这件工作的意义和背景的中学生占77%。当前开放城市中学生的生活价值观的主流是积极健康的，但还需要加以引导。

（2）喜欢丰富多彩的生活形式和浪漫情调。当前开放城市中学生喜欢多种多样的活动，如体育、文娱活动、旅游等。随着社会各种文化活动文化市场的兴起，特别是卡拉OK热、电子游戏机热，吸引了大部分中学生，有些学生家庭还购置了卡拉OK机，节假日约同学一起自娱自乐，很是浪漫。他们很看重过生日，有个别学生的生日消费也很高。

（3）重友谊重感情，喜欢与同龄人交往。据调查，在班里喜欢与所有的人交往的中学生占64%，表示和同学在一起心情多数愉快的学生占了74%，"早恋"现象是当今中学生的一大热点。

（4）爱美爱新。问卷统计中有59%的中学生认为衣着、发型与自己的身材、身份相称才算美，有些中学生喜欢穿名牌衣、鞋，崇拜影视歌明星，"追星"现象也成为中学生的热点问题。当然，也有30%的中学生以朴素为美。主体是健康的。

（5）存在着独立消费与经济依附的矛盾。一般来说，当前开放城市中学生的消费水平比较高，大多数中学生都有自己的私己钱，主要来源是长辈给的年节"利是"钱、压岁钱和家长给的零花钱。还有少数是利用节假日去打临工赚来的收入。有些人还经常向父母要钱。部分中学生追求生活上的高消费享受，但经济上又不能独立，还要依赖父母长辈，这就产生一种心理上的独立自主意识与实际生活上的依附关系的矛盾，这种矛盾的存在，既激发了许多人对职业理想的向往和追求，同时又诱发了个别学生行为不轨。在生活理想教育中进行艰苦奋斗、合理消费的教育是很有必要的。

（二）职业理想教育开端的意义

望子成才，是众多家长、父母的渴望。立志成才，是广大学生的愿望和动力。成才，就成为当前父母与子女共同的强烈的心理需求。职业理想是人们对自己今后选择何种专业、从事何种职业、走怎样的成才之路的设想和追求。从职业理想教育入手进行社会理想教育，正是抓住人们最关心的最迫切的要求和愿望，把个人成才理想作为引向社会理想的突破口，是一种收效较大的社会理想教育开端方法。

1. 职业理想是个人理想与社会理想的结合点

职业，是个人在社会中所从事的作为主要生活来源的工作，是一定社会发展对各种专业人才需要的反映。职业反映了社会发展的要求，同时又是个人实现生活理想的手段。作为个人理想的职业理想，完全受社会理想的制约，个人职业理想的考虑和成才道路的选择，是不能够离开社会发展需要的。职业理想反映了个人对社会理想的认同，是个人理想与社会理想的结合点。

2. 职业理想是实现社会理想的桥梁

社会理想为个人理想提供了实现的可能和前提条件，而职业理想则是实现社会理想的载体、桥梁。职业本身是社会需要和个人需要的统一体，社会通过某种职业提供了满足人们对生活理想追求的实现条件，而人们又通过从事某种社会职业而实现个人的成才愿望和个人价值、社会理想。离开了社会职业这个媒介，个人理想和社会理想就会成为空话。

3. 职业理想教育是社会理想教育的重要突破口

在改革开放的条件下，由于社会主义现代化事业急切需要各种各类合格人才，并且为各种人才的成长提供了有利的条件，所以，人们对成才渴望和职业理想的追求就超过了任何时期。职业理想教育，正是抓住了人们的心理重点。我们的实验学校的经验也充分证明了从职业理想教育入手开展社会理想教育是成效高的成功之路。广东韶关市北江中学在实验过程中，确立了从科学的成才观教育入手，把理想教育寓于教学工作中，帮助学生树立为振兴中华、建设社会主义强国而刻苦学习的远大理想，从而提高了学生的思想素质，明确了学习目的，促进了教育质量，在 1989 年和 1990 年间，该校学生获省级以上各种奖励的达 130 人次，其中获国家级奖励的达 7 人次，获省级以上一等奖的达 31 人次。

可见，把职业理想或成才理想教育作为突破口，帮助学生确立社会理想的教育，是一个切实可行的好方法。

4. 进行职业理想教育是学生成才的强烈心理要求

立志成才是当前中学生最关心的热点。对他们来说，目前生活理想较职业理想远一些，加上中学生还没有独立生活，建构自己的生活理想首先要有理想的职业。所以，中学生更关心职业理想，特别是成才理想，是当前中学生的迫切的需求，直接关系到中学生的前途与切身利益。在问卷调查中，绝大多数中学生都把学习好作为最直接最迫切的愿望。学生关心职业理想比较多反映在如下两个方面：

（1）职业向往多样化，注重实惠与名望，也考虑是否符合自己兴趣，工作轻松与否。人们的价值观念在改革开放中不断更新，对职业的选择和向往也就发生了变化。当前开放城市中学生不再认为只有升大学才是最好的出路，他们学习文化科学知识，为各种择业作准备。大多数中学生喜欢当企业家、经理、有技术的工人、商业服务员、工程师、教师等，也有部分学生想当科学家、外事工作者、警察等，选择政治职业和无技术的工人、农民的较少。他们选择职业的思想是经济收入比较高、社会名望比较高而又比较轻松的自己较喜欢的职业。

（2）努力学习，不断追求新知，立志多渠道成才。要能选择满意的职业，就必须有各种知识基础，就必须努力学习，这是广大中学生的共识。在社会上一度出现"知识贬值"的情况下，中学生仍比较清醒地正确看待这一现象，认为专家教授不如个体户钱多、生活好的情况，这是改革过程中出现的暂时的问题，而知识的力量、科学的力量是永恒的。他们都把"知识就是力量""有志者事竟成""书山有路勤为径，学海无涯苦作舟"等作为自己的座右铭，激励自己努力学习，立志成才。他们除了完成规定的课程学习外，还参加各种课外活动、社会活动，以增长才干。据我们调查，中学生表示"除了学好学校开设的课程外，对学习农业生产技术、工业生产技术、计算机、天文地理、文学艺术、花卉盆景等方面的专业知识"有一定进展的占 17.8%，很有兴趣的占 36%，时而涉猎的有 36.8%。

可见，职业理想教育已势在必行，是社会理想教育的最佳突破口之一。

二、 生活理想和职业理想教育的主要内容

（一）生活理想教育内容

社会生活的复杂多样性，决定了生活理想教育内容的多样性。特别是当前中学生中出现的"早恋"、"追星热"、"生日热"、高消费、名牌热等困扰，使生活理想教育成了当前社会各界注目的问题。应进行哪些方面的教育？不同的教育对象侧重点应有所不同。这里我们仅从最基本的方面谈几个主要的教育内容。

（1）进行正确的人生观、价值观教育，引导学生把生活目标的确定与祖国的富强、社会主义现代化事业联系起来。特别是在改革开放的社会环境中，在市场经济的条件下，对中学生开展社会主义人生观、价值观的教育，正确看待社会上的拜金主义、享乐主义现象，确立正确的人生价值观，是当前生活理想教育的重要任务。当前，已有不少学校就这一课题开展实验研究，力求寻找解决中学生深层意识问题之路，他们从幸福观和苦乐观等方面去解决中学生的热点问题。

（2）审美观教育。帮助学生建立正确的审美意识和审美标准。引导他们正确地把握美、热爱美、热爱生活，形成高尚的健康审美观，为建设祖国美好的明天努力学习，学会创造美的本领，不是盲目赶潮流。

（二）职业理想教育的主要内容

职业理想教育主要培养学生有正确的成才动机和择业观，内容的考虑也是多方面的。主要有：

（1）我国社会主义现代化建设发展状况和本地区社会、经济发展状况教育。让学生了解本地区和祖国发展的前景，激发学生对前途的向往，了解祖国的需要，正确考虑职业的选择。特别是让学生了解本地区各行业对各种各类人才需求的状况，使学生在专业学习中把个人兴趣与社会需要有机地结合起来。

（2）立志成才教育，帮助学生确立正确的人才观，根据自己的特点和社会需要选择成才之路，鼓励学生为建设社会主义现代化而努力学习，既有勇攀科学高峰的志气，也有从事各行各业在岗位成才的决心。

（3）科学文化知识和实践能力的教育。培养学生具有专业思想和科学文化知识，是职业理想教育的重要内容。各种专业技能、操作能力的培养训练，也是提高劳动者基本素质的必要教育内容。

（4）进行敬业精神和责任感教育。这是现代社会对人才的基本素质要求。

三、 生活理想和职业理想教育开端的运行途径与方法

这两种开端模式的教育途径和方法与前面各模式有许多相同之处，这里不再重复。仅就某些具体教育问题举个例子。生活理想的教育，除了结合各科教学内容进行之外，还可以参与社会各种活动开展教育，如各地曾有评选"现代好丈夫""现代好妻子""文明家庭""现代好家庭"等活动，可组织学生对这些家庭、人物进行分析、学习、评论，使学生在现实生活中了解生活的意义和人生的真谛，认识人生的价值，从而把个人生活目标的确定与祖国的富强，与社会主义现代化事业联系起来。还可以通过"美在我们的生活中"之类的主题班会，引导学生正确认识美，形成高尚的健康审美观，热爱生活、热爱社会主义，为祖国美好的明天努力学习。也可在学雷锋活动中引导学生体验奉献社会服务人民的人生感受。

职业理想教育的途径也是校内外各种途径相结合。我们课题的实验学校韶关市第八中学在职业理想教育方面的经验对我们很有启发。他们采用教育与实践、与社会调查相结合，校内外相结合的教育方式，引导学生在认识社会需要的基础

上把个人的职业理想设计与社会主义现代化建设事业的需要结合起来。首先，由学生采取同学参谋、老师建议、家长表态的方式结合自己的志愿进行"理想的职业"的自我设计。然后，将志愿相近的学生分为若干组，到相应的单位作调查，让学生了解社会需要，调查自己理想的职业的供求状况、长短处以及从事这一职业的素质要求等，并写成调查报告。同时还请有关单位负责同志来校作报告，使学生进一步明确当前的就业形势，什么样的毕业生较受用人单位欢迎，青年学生在选择职业时应注意哪些问题以及应学好哪些知识和技能等，还请校友谈毕业后在各战线工作的情况和就业观。通过这一系列的教育活动，使学生根据社会需要来重新调整和巩固自己的志愿，然后对学生进行职业素质训练，组织学生参加职业教育实习，改变以往由学校联系实习单位的做法，让学生根据自己的职业理想组织实习小组，联系实习单位，使学生在实践中锻炼自己的各种能力。由于学生职业理想的多种多样，实习的单位也多行多业，通过这样的教育活动，使学生找到了个人职业理想与社会主义现代化建设事业需要的结合点，从而实现了把个人理想与社会理想结合起来考虑职业选择的教育目的，使社会理想在学生心中扎下根，找实现理想的途径。

生活理想和职业理想教育的途径、方式方法丰富多样，需要教育者不断创造、不断提高教育效果。

四、 生活理想和职业理想教育开端模式的特点及实施时要注意的问题

（一）特点

（1）从生活理想和职业理想教育开端的模式最大的特点是动力性。体现在抓住当前中学生最关心的生活热点问题和成才问题开展教育，解决学生的生活动力和学习动力，为社会理想的形成打下了坚实基础。

（2）本开端模式具有现实性。生活理想和职业理想教育都是贴近学生的生活和心理要求，与社会现实紧紧相连，是社会理想教育的现实载体，并有较高的实效性。

（二）实施时应注意的几个问题

（1）生活理想教育不能停留在解决几个热点问题上，职业理想教育不仅仅是引导学生选择职业的问题，而最重要的是在教育过程中使学生逐步确立个人需要服从社会需要，个人理想与社会理想结合，要注意把理想的层次引向高层发展。

（2）要注意避免脱离学生实际而空谈理想，要注意了解学生的生活实际和成才需求，了解社会现实，注意教育效果。本开端模式涉及面很广，涉及社会、家庭、学校生活的方方面面，对教育合力的要求更强烈，特别是成人社会的生活方式，价值观要注意净化优化，电影电视广播、文艺作品、报刊书籍等传播媒介注意防止负面影响，注意遏制个人主义、拜金主义、享乐主义的不良影响，形成人人关心青少年成长的良好环境。

（3）教育者要有崇高理想，为人师表，言传身教，在市场经济条件下，生活和职业的挑战是多方面的，教师的生活态度、敬业精神、理想追求都对学生起着潜移默化的影响。作为教师，要为学生当好表率。

本文所探讨的是社会理想教育的几种开端模式，并不是僵化不变的模式。社会理想教育开端可以多种多样，在某一种开端模式本身也可以有多种多样的着手点，教育者可根据实际情况选择适当的开端模式和教育途径、方法。

（原载《社会理想教育新探》，暨南大学出版社，1994 年）

中学生社会理想评估
指标体系（节选）

　　中学生社会理想评估，是以社会理想教育目标作为评估目标的。社会理想教育目标，是根据一定社会的理想来决定的。我国现阶段的社会理想就是前文所说的共同理想，即以经济建设为中心，坚持四项基本原则，坚持改革开放，自力更生，艰苦创业，把我国建设成为富强、民主、文明的社会主义现代化国家。中学生社会理想教育目标就是培养为建设富强、民主、文明的社会主义现代化国家而献身的"四有"人才。这是中学生社会理想评估的总体指标。在这个总指标之下，可以分解为若干个层级的具体指标，组成评估指标体系，据以制订评估方案。

一、 制订中学生社会理想评估指标体系的依据

　　评估指标体系是评估方案最为重要的构件。评估指标是进行评估操作的直接依据，影响评估结果。制订出一个科学的评估指标体系，是保证评估工作科学化的前提条件。一个科学的社会理想评估指标体系，必须根据社会理想结构要素、社会理想性质水平和社会理想形成过程来制订。

社会理想结构包含有政治方向，经济、科学发展向往，伦理关系向往等因素。社会理想性质水平，是指一定社会的理想内化为个人的社会理想的水平，也就是个性的社会化水平。个性的社会化，是指个人在社会生活、人际交往和社会实践体验中，选择自己的社会位置充当社会角色，认同社会理想，并作为自己追求奋斗的目标。社会理想形成过程，受到来自个体的静态成熟和社会的动态制约这两个方面的交互影响，呈现为多变的、不稳定的、无一定顺序的状态。一个人的社会理想的形成，大体上经历着憧憬、幻想、认同、模仿、选择人生道路、确立理想信念并立志为之献身这样一个过程。中学生的社会理想发展水平大体上处在开始考虑选择、初步奠定基础的阶段，有待将来参加社会工作，经历一定的社会实践体验，然后才逐步成熟定型的。中学生个人的社会理想则主要在日常学习活动中表现出来。我们要充分注意到中学生的这些特点去设计中学生社会理想评估指标体系、配置各项指标的权重值和规定各项指标的评判等级标准。

二、 中学生社会理想评估指标体系及其说明

中学生社会理想是由互相联系的多种因素构成的综合系统。一个系统由若干子系统组成，一个子系统又由若干个要素构成。我们根据上述评估指标体系的依据的认识，结合中学生的实际，把中学生社会理想评估指标体系分成2级、4个方面、16项指标，各项指标的权重值，经过专家咨询法确定配置（见图1）。

图1　中学生社会理想评价指标体系

（一）关于一级指标的说明

一级指标分为四项。这是根据社会理想结构的三大要素即政治方向、人生观、个性心理和考察中学生社会理想表现的主要途径——学习活动而进行设计的。

1. 政治思想倾向

政治思想倾向，是指中学生的基本政治立场、政治方向和政治态度。他对社会理想的形成和发展起着导向的作用，是社会理想的认同基础。一般来说，有了正确的政治思想倾向，对社会理想的认同感就会强烈，追求社会理想的行动就会坚定。它是学校德育工作的灵魂，也是社会理想评估的重要指标。政治思想倾向再分解为政治理论知识、政治活动表现、社会情况了解、社会实践体验等四个二级指标，以便于评估操作。

2. 人生价值观念

人生价值观念是社会理想的内化条件。社会理想的树立过程，实质上是一种价值判断和追求的过程。有什么样的人生价值观，就会有什么样的社会理想的选择。有什么样的社会理想，就会有什么样的人生价值标准。社会理想展示着人生的方向和道路，一个人越是为努力实现自己确认的社会理想而奋斗，他在人生价值的阶梯上攀登得就越快越高。一个人有了明确的人生价值目标，他实现社会理想的决心和行动就会越坚定越持久。人生观是社会理想结构的重要组成部分，也是社会理想评估的重要指标。根据中学生实际生活表现，比较集中反映中学生人生价值观念的有如下几个方面：集体奉献精神、公益活动表现、关心他人态度、艰苦俭朴作风、成才报国愿望。故把上述五项列为二级指标，据此评估中学生的人生价值观念。

3. 个性心理品质

个性心理品质的成熟水平，是社会理想构成的一个不可缺少的内部条件。个性心理是萌发、发展、实现社会理想的动力。只有对社会理想产生坚定的信念，激发炽热的情感，形成意志的行动，才有可能实现社会理想。反之，只是一种挂在口头上的空想罢了。中学生正处在个性心理逐步形成和成熟的阶段，具有极大的可塑性。中学阶段是促进个性心理品质全面发展的教育最佳时期，抓好这项工作对促进中学生树立正确的社会理想，将会产生重要作用。根据社会理想的心理本质，应该着重培养中学生形成如下一些良好的心理品质——进取精神、自立能力、务实作风、群体意识，并作为评估个性心理品质的二级指标。

4．学习活动表现

社会理想的发展过程，必然会激发一系列相应的具体行为表现。这既是社会理想形成的客观需要，又是社会理想的外在标志。中学生的学习表现，是他们在校期间行为系统中的主导性行为，故可据此衡量学生的社会理想，考察他们如何把对社会理想的追求，化为巨大的学习动力，按照社会发展需要，培养自己的兴趣爱好，把远大理想和实际行动结合起来，自觉锻炼成才。可以从学习目的、兴趣爱好、学习效率三个方面去评估学习活动表现。

（二）关于二级指标的说明

把四项一级指标再分解成为 16 项二级指标。二级指标既是评估操作的直接依据，也是中学生树立社会理想必须打好的基础，同时又是学校进行社会理想教育的具体内容和目标。现就这 16 项二级指标的内涵，分别说明如下。

1．政治思想倾向

（1）政治理论知识。主要是指对中学设置的各门政治课程的教材内容理解、应用程度。

（2）政治活动表现。主要是指参加学校团队所组织的政治性活动。

（3）社会情况了解。主要是指对国家及当地经济、政治、文化等的社会发展情况的了解。

（4）社会实践体验。主要是指参加社会实践与工农兵群众接触后，在认识上情感上所起的变化。

2．人生价值观念

（1）集体奉献精神。主要指履行班级、学校集体义务，遵守公民道德、社会法纪和克己奉公精神。

（2）公益活动表现。主要指热心公共福利，维护公共利益的表现。

（3）关心他人态度。主要指关心、礼貌待人、和睦协作、乐于助人。

（4）艰苦俭朴作风。主要指爱护公物，勤俭节约，吃苦耐劳，发愤图强。

（5）成才报国愿望。指服从国家和家乡的需要而选择升学和就业志愿。

3．个性心理品质

（1）进取精神。立志宏远，坚毅不拔，意志坚定，不甘落后。

（2）自立能力。自尊、自理、自律、自信、自立、自强。

（3）务实作风。实事求是，坚持真理，诚实、笃实、扎实、尽职负责。

（4）群体意识。胸怀宽广，虚心学习，团结协作，维护集体。

4. 学习活动表现

（1）学习目的。为振兴中华报效祖国而勤奋学习。

（2）兴趣爱好。不局限于课堂学习，不唯分数是求，发展潜能，发扬优势，精益求精。

（3）学习成效。基础扎实，能力较强，各科成绩有提高有进步。

这16项指标不是唯一的也不是全部的。仅就中学生的实际生活环境，选择其中最为常见的，又最能从中考察学生的社会理想状态的项目列为评估指标，有待今后在实践中不断修改、完善。

三、 中学生社会理想评估指标的评判标准

以中学生社会理想教育目标作为评判各项指标的参照系，对照学生的现实表现进行比较，根据其到达程度，评判出优、良、中、差四个等级。并规定各个等级的评判标准如下。

（一） 政治思想倾向

1. 政治理论知识

优：积极认真上好思想政治课；相信马克思主义基本理论，能应用正确的立场观点分析社会问题；政治课学习成绩优秀。

良：认真上好思想政治课；接受马克思主义基本理论，具有一定的社会分析能力；政治课学习成绩良好。

中：能上好思想政治课；基本懂得马克思主义基本理论；政治课学习成绩及格。

差：对思想政治课和马克思主义基本理论学习兴趣不浓；政治课学习成绩不及格。

2. 政治活动表现

优：积极主动参加党团少先队的组织活动；政治上进心强烈，有明确的参团参党愿望和积极的行动表现。

良：认真参加党团少先队的组织活动；政治上要求上进，且有一定的行动表现。

中：能参加党团少先队的组织活动；有一定的政治上进愿望，但缺乏实际行动。

差：不愿参加党团少先队的组织活动；缺乏政治上进心。

3. 社会情况了解

优：经常关心国家大事，养成阅报习惯；对党和政府的宣传报导，持积极拥护态度；了解重大时事政策，并能作出正确的分析评论；社会情况调查问卷成绩优秀。

良：关心国家大事，注重阅报；对党和政府的宣传报导持正确态度；对重大时事政策能够了解；社会情况调查问卷成绩良好。

中：对国家大事有些了解，时有阅报；对党和政府的宣传报导，基本相信，对重大时事政策大略了解；社会情况调查问卷成绩及格。

差：不关心国家大事，没有阅报习惯；对党和政府的宣传报导，缺乏信任感；对重大时事政策不了解，时有不正确的认识；社会情况调查问卷成绩不及格。

4. 社会实践体验

优：积极主动参加社会实践活动，自觉接受实际锻炼；对工农兵群众有深厚的感情；在实践活动中有深刻的思想体会和收获。

良：能参加社会实践活动；对工农兵群众有正确认识；在实践活动中有较大的思想收获。

中：愿意参加社会实践活动；对工农兵群众有些感情；在实践活动中有点收获。

差：讨厌参加社会实践活动；有轻视工农兵群众的思想倾向；在实践活动中表现不够好。

（二）人生价值观念

1. 集体奉献精神

优：自觉遵纪守法，富有社会责任感；具有较强的主人翁精神，履行集体义务；能正确处理个人、他人、集体利益关系，积极争取和维护集体荣誉。

良：遵守法纪和社会公德；尽力完成集体分配的任务；服从集体利益，爱护集体荣誉。

中：尚能遵守法纪和社会公德；有一定的集体观念，能基本完成集体分配的任务，但不够主动；不太关心集体利益和集体荣誉。

差：有违反法纪或损害社会公德行为；不愿履行集体义务；不服从集体利益，做有损集体荣誉的行为。

2. 公益活动表现

优：积极参加学雷锋活动和社会公益工作；坚持自觉主动做好事，有较强的服务奉献精神。

良：乐意参加学雷锋活动，比较热心社会公益工作；有服务精神。

中：能参加学雷锋活动；也能做些好人好事，但缺乏主动性和经常性。

差：对学雷锋活动和社会公益工作不感兴趣；私心较重，有损人利己行为。

3. 关心他人态度

优：在思想、学习、生活等方面热情关心帮助同学；能正确处理好人际关系；具有先人后己的品格。

良：在生活上能关心帮助同学，但学习上有些自私心理；注意搞好人际关系。

中：对同学主动关心帮助不够；愿意搞好人际关系。

差：以自我为中心，不愿帮助同学；对人冷淡，不容易与人相处。

4. 艰苦俭朴作风

优：认真爱护公物和节约粮食水电，敢于批评制止损坏公物和一切浪费行为；能够吃苦耐劳，生活俭朴。

良：爱护公物，节约粮食水电；有一定吃苦耐劳精神，生活比较节俭。

中：基本做到爱护公物和爱惜粮食水电；生活不够节俭。

差：不爱护公物，经常浪费粮食水电；生活奢侈。

5. 成才报国愿望

优：以国家需要为个人志愿，作出升学和就业选择。

良：愿意服从国家需要，选择升学、就业志愿。

中：能接受有关的指导，调整升学就业志愿。

差：不服从国家需要选择志愿，不服从工作分配。

（三）个性心理品质

1. 进取精神

优：上进心强烈，不畏困难，不懈努力；具有严谨坚毅的品格和作风；对工作、学习认真负责，出色完成任务。

良：上进心较强，有克服困难、不甘落后精神；对工作、学习负责，能完成任务。

中：要求进步，但不够刻苦、坚持；在外界督促帮助下，尚能克服困难，基本完成工作学习任务。

差：不求上进，害怕困难；作风懒散；对工作学习敷衍塞责。

2．自立能力

优：对问题有正确的独到见解；不轻信盲从，能尊重事实坚持真理；具有自主、自理、自立、自强的意识和自律能力。

良：对问题能提出自己的见解；不盲从附和但有时会固执、主观；有自主意识和一定的自律能力。

中：对问题有时能提出自己的看法；自信心不足，容易受外界影响而附从依赖；不太善于自理、自律。

差：缺乏独立见解，遇事随大流；不能自理、自律。

3．务实作风

优：忠诚老实，作风正派；学风严谨，认真踏实；职守观念强。

良：忠诚老实，作风正派；但不够细致、严谨；有职守观念。

中：为人尚诚实，有时不敢讲真话；作风不够扎实；职守观念不强。

差：常说假话，弄虚取巧；作风虚浮；没有职守观念。

4．群体意识

优：胸怀宽广，谦虚谨慎；善于团结同学；在集体中有较高威信。

良：胸怀开阔，虚心接受意见；能与同学协作；同学愿与之相处。

中：胸怀不够开阔，不甚虚心接受意见，只能与少数人相处。

差：胸怀狭隘，气量小；难与他人融洽相处。

（四）学习活动表现

1．学习目的

优：学习目的端正，自觉性高，成才方向正确。

良：学习目的明确，自觉性高。

中：学习目的较明确，有自觉性。

差：学习目的不够明确，缺乏自觉性。

2．兴趣爱好

优：求知欲旺盛；兴趣倾向明确、稳定；积极主动发展爱好特长，精益求精。

良：求知欲较强；初步形成兴趣倾向；努力发展爱好特长。

中：有一定的求知欲；愿意发展爱好特长，但兴趣倾向不够稳定，且缺乏恒心和毅力。

差：求知欲淡薄，无正当的爱好兴趣。

3. 学习成效

优：善于计划学习，掌握科学学习方法；基础扎实，能力较强，成绩优秀。

良：能按计划学习，掌握正确的学习方法；学习成绩良好。

中：有学习计划，注重方法，学习成绩合格。

差：无学习计划，学习不得法，成绩不合格。

（原载《社会理想教育新探》，暨南大学出版社，1994 年）

传统文化、时代精神
与学校德育

时代·时代精神与学校德育改革

学校德育从来都是跟时代走的，它的任务是以时代精神教育新的一代。研究学校德育，探索学校德育改革之途，不可不研究时代，不可不研究时代精神。

一

进入本世纪①以来，到七十年代②以前，我国经历了两个腾飞的时代，前一个时代以辛亥革命为标志，她结束了统治中国数千年的封建王朝；后一个时代以中华人民共和国成立为界线，她推翻了"三座大山"，实现了人民当家作主人。

今天，我国又进入了第三个腾飞的时代，这个时代的界碑就是中国共产党十一届三中全会。

以三中全会为界碑是有充分根据的，这就是她的路线方针政策使我国生产力飞跃发展，人民物质文化水平迅猛提高。请看下面几个只是局部的数字：

---

① 指 20 世纪。
② 指 20 世纪 70 年代。

1. 作为国民经济发展基础的农业的发展速度

1959—1978 年，我国粮食平均每年增长 500 万吨，而 1978 年①至 1983 年五年间粮食平均每年增产 1650 吨，年总产量达 3 亿 8728 万吨。

1959—1978 年，我国棉花平均每年增产不到 1 万吨，而 1979—1983 年平均年增产为 50 万吨，年总产量达 463 万吨。②

2. 居民消费水平发展速度③

以 1950 年为 100%，则 1956 年为 120%，1966 年为 138.2%，1978 年为 177%，1983 年为 250.1%。

3. 职工家庭人均年收入增长速度④

1957 年为 235 元，1964 年为 227 元，1978 年为 316 元，1983 年为 526 元。

4. 农民人均年收入增长速度⑤

1957 年为 73 元，1965 年为 107 元，1978 年为 134 元，1983 年为 310 元。

5. 图书杂志报纸发行数量的增长速度⑥

图书 1950 年为 2.7 亿册，1978 年为 37.7 亿册，1983 年为 58 亿册。

杂志 1950 年为 0.4 亿册，1978 年为 7.6 亿册，1983 年为 17.7 亿册。

报纸，1950 年为 8.0 亿份，1978 年为 127.8 亿份，1983 年为 155.1 亿份。

这是多么惊人的速度，多么了不起的成就：我们应该为新的腾飞时代的到来而欢呼！

现在这个时代刚刚开始，教育工作者必须学习这个时代，研究这个时代，跟上这个时代，教育我们的学生适应这个时代，以自己的言行促进这个时代！

二

促进时代的发展，必须具有发展时代的时代精神，这是历史的答案。资本主义初期如果没有"不自由毋宁死"的精神就不可能战胜根深蒂固的世袭贵族阶级；抗日战争年代中国人民如果没有"起来，不愿做奴隶的人们，把我们的血肉，筑成新的长城"的气概，就摧毁不了装备精良、策划有年的日本帝国主义侵略势力；同样，辛亥革命志士仁人英勇奋斗靠的是"驱除鞑虏，恢复中华，建立

---

① 党的十一届三中全会是 1978 年 12 月召开的。

② 参见时任国家计划委员会主任宋平《关于 1984 年国民经济和社会发展计划草案的报告》。

③④⑤⑥ 参见《中国教育报》1984 年 8 月 18 日第四版。

民国，平均地权"的思想的支持，新民主主义革命时代先进战士前仆后继的英勇奋斗靠的是"砍头不要紧，只要主义真"的信念。

今天的时代精神是什么？要得到答案就得先研究当今时代的特点。

笔者体会当今时代的特点主要有五个方面：

第一，以社会主义经济建设为中心，发展社会主义商品经济，加强公有制经济基础，讲速度，讲效率，讲竞争，讲拼搏，讲协作，讲共同富裕；八九十年代要达到国民经济总产值翻两番，2000年后要达到更高的现代化水平。

第二，物质文明建设与社会主义精神文明建设同时抓。坚持五讲四美三热爱，教育全国人民做到有理想、有道德、有文化、有纪律。

第三，迎接世界新技术革命的挑战，赶超世界先进科技水平。

第四，统一祖国，相当一段时间实行一国两制；落实各种政策，充分调动全国人民建设祖国的积极性。

第五，对外开放、更开放，排污不排外。

笔者认为上述这几个方面是我们时代不同于过去任何时代的基本特征；是我国得以实现重点转移，全国人民能够实现大团结，同心同德搞社会主义现代化建设的关键所在；是我国近几年生产力得以飞速发展的根本原因。因此，它是时代的特点，时代的声音。

为了概括出时代的精神，下面笔者就上述时代特点的一些方面作进一步认识。

第一，关于以社会主义经济建设为中心，发展社会主义商品经济以及它对人的素质的要求。

以社会主义经济建设为中心，这是方向，是大局。当前我国最大的政治就是实现社会主义四个现代化，学校培养人才切不要忘了现代化，更不要忘了社会主义，忘了前者会出庸才，忘了后者会出歪才。我们的人才必须红专融为一体，在共产主义理想的指导下掌握发展生产力的直接间接的真本领，为人民服务走共同富裕之道。

发展社会主义商品经济是摆在我们面前的一个新课题、大课题。由于历史的原因，我们从事教育工作的人，往往是不屑于同"商"字打交道的。虽然也知道社会主义阶段还有商品经济，但却认为它是不会发展的、没有前途的经济，当然更是同培养人才无关的事情。现在这种观点得改变了。实践证明，我国社会主义建设，还需要大力发展商品经济。商品经济的发展是社会经济发展不可逾越的阶段，是实现我国经济现代化的必要条件。只有充分发展商品生产，才能把经济真正搞活；才能加强责任制，打破"大锅饭"；才能促进先进技术的学习与运用；才能充分调动人们建设社会主义的积极性。"社会主义经济同资本主义经济的区别不在于商品经济是否存在和价值规律是否发挥作用，而在于所有制不同，在于剥削阶级是否存在，在于劳动人民是否当家作主，在于为什么样的生产目的服务，在于能否在全社会的规模上自觉地运用价值规律，还在于商品关系范围的不同"（见《中共中央关于经济体制改革的决定》）。在我国，运用价值规律、发展商品经济同实行计划经济，不是互相排斥的，而是统一的。当代，我国要建立自觉运用价值规律的计划体制，发展社会主义商品经济。

我们的学校和教师对于我国经济发展的这个特点，必须充分重视，必须按照这样的经济特点去考虑我们的工作，考虑人才的素质。比如说运用价值规律、发展商品经济，我们的人才就必须具有"企业家"的精神，要讲远见，讲竞争，讲速度，讲灵活，讲效益；就不能吃"大锅饭"，不能讲照顾、开后门，不能墨守成规，不能铁板一块。不容许怠惰、依赖、混混沌沌；不容许只讲苦劳不讲功劳。又比如说我们发展的是社会主义商品经济，它是在社会主义精神文明建设同时抓的条件下进行的，又是有计划下的商品经济。适应这个特点，我们的人才就不能像资产阶级那样冷酷无情，尔虞我诈，投机倒把。要讲全局观念，讲互相关心，互相爱护，互相帮助，讲信用，讲社会主义职业道德，等等。

第二，关于新技术革命的特点以及它对人才素质的要求。

新技术革命，国外有种种提法，有叫"第三次浪潮"（阿尔温·托夫勒），有叫"后工业社会"（丹尼尔·贝尔），也有叫"信息社会"（约翰·奈斯比特）。

不管哪种提法，大致都认为是信息革命的阶段。

信息革命有些什么特点，奈斯比特认为有四点：①在社会里起决定作用的不是资本而是知识，知识已成为生产力和经济成就的关键；②价值增长不再是通过劳动而是通过知识；③社会发展速度很快，人们注意力多为放在未来；④人们交往大大增加，其中有些关系将会恶化。（见《大趋势》第一章）

如果剔除奈斯比特美化资本主义社会，以为可以通过信息革命避免危机的神话以及他把资本剥削带来社会的恶化归因于交往等之外，内中还有值得重视的地方，那就是新技术革命的挑战，主要是知识科技的挑战。当今的时代，是讲知识讲科技的时代，这就是说当今时代一定要把提高人们的智慧放在突出的地位，要加强人们接受信息和处理信息的能力。要立志成为智者，决不甘居无知或少知，要努力走在世界科技行列的前头。

第三，关于一国两制的特点及其对人的素质的要求。

一国两制体现了我们党和国家抓住历史发展链条中特别的一环，是我们党和国家在社会主义建设中的一个英明的决策。它表明了我们不仅对社会主义制度优越于资本主义制度充满信心，也反映了党处事的明智与练达。只要实现爱国一家，我们就粉碎了帝国主义势力分裂我们的企图，就增加了祖国现代化建设的力量。

一国两制也将使我们的建设工作增加了复杂性和艰巨性。台湾省和大陆各省市自治区的中国同胞既感到祖国统一的喜悦，又彼此面对制度的挑战，既有亲切感又有陌生感，既想接近又存隔阂……

一国两制对社会主义制度下的人们提出了什么要求？他将要求我们的人对未来社会要有科学预见；对社会主义要有坚定而又辩证的认识，懂得爱国主义与社会主义的关系；抱有在思想道德文化、智力、体力等方面与非社会主义制度下的同胞友好竞赛的决心和态度，做出榜样，以事实服人。

第四，关于对外开放的特点以及它对人的素质的要求。

闭关锁国是不能建设好社会主义的，只有参与国际竞争才能经得起国际竞争。现代化建设要求我们的学生成为现代化的新人，成为现代化新人就得走向世界。我们面对的世界是个科技日新月异的世界，学派林立、自我标榜的世界，妍媸并列、美丑杂陈的世界，花花绿绿的世界。为了使人们学到有益的东西而不走入迷途，这就要求人们具有热爱祖国的品质，坚定的社会主义立场，马克思主义哲学的修养，敏锐的观察力、分辨力和灵活的处事待人的态度。

以上是笔者对本世纪我国第三个腾飞时代的特点的某些方面，以及她对人们素质要求的粗浅认识。下面就试图根据上面对时代特点的认识对当代的时代精神作一归纳。

可否这样说：我们的时代精神就是爱国的精神，改革的精神，为振兴中华，实现社会主义现代化而学习、拼搏、创造献身的精神。

改革是任何处在发展时代的先进人们必须具有的品德，否则就不可能实现时代的转折。然而任何过去发展时代对改革精神的要求都没有我们现时代这样突出，这不仅因为十一届三中全会后我国无论在社会主义经济制度或社会主义政治制度的完善上有了很大的划时代的创造，出现了很大的转折，而且因为我们这个转折是在和平条件下，在同志式的关系中实现的，不是靠暴力实现的，这样就更迫切地要求人们培养起改革的精神。

振兴中华，实现社会主义现代化是时代的目标，是上述五个时代特点的指向，也是人际关系中集体主义精神的要求，学习、拼搏、创造是呼应五个时代特点而提出的学风、作风的素质和能力素质。

为了研究印证时代的精神，并把她具体化，我们曾对当代走在时代前沿的先进人物如栾弗、蒋筑英、罗健夫、张华等的有关报导进行分析，我们发现他们有如下共同的特点，那就是：

振兴中华的强烈愿望和献身精神，社会主义的坚定信念，为人民服务的崇高风格；不困于物欲、不惑于金钱的高尚品质；勇于改革，开拓进取，实事求是，讲究效益的优良素质。

显然，这些品质是和我们上述的时代精神一致的。实践证明，正是这些优良的品质，使这些先进人物成为改革时代的闯将，并保证了他们从事的事业取得极大的成功！而当代的广大群众也从他们的品格中吸取了前进的精神力量。

我们学校的德育就要宣传这种精神，贯彻这种精神，并以这种精神去改革学校的德育工作。

三

以时代精神改革学校德育涉及许多问题，这里只从四方面去谈点认识。人才模式要改变，德育目标要调整。中华人民共和国成立以来，到十一届三中全会以前，我们学校在考虑人才模式上，总的来说侧重培养从事阶级斗争的人，在这过程中对人才规格的要求有时强调模仿性，有时强调守业性。这些模式，都是一定历史条件下的产物，虽然在某段时间里在某些方面起过一些积极作用，但是随着形势的发展，都暴露出这样那样的问题以至走向反面。在当今时代这些模式已不适用了。社会基本矛盾已经转变，社会主义的具体道路正在实践探索，新技术革命正在挑战，模仿性、守业性都不符合时代的要求。我们时代要求学校培养的是有创造性的人才，要树立创造的志向，培养创造的才干，开展创造的活动。使他们成长了走入社会的时候，能开创社会主义的新局面，创造出一个站在世界先进行列的具有中国特色的社会主义现代化中国来！

随着人才模式的改革，学校德育的培养目标也要调整。

过去学校的德育规格结构是不完整的，从中华人民共和国成立初期，到三中全会前基本上是在两种规格结构上翻来覆去，一种是政治规格，一种是道德品质规格，前者曾被称为大德，后者曾被称为小德。其实，作为德育规格结构，应该包括三个主要组成部分，第一个是理想信念（包括生活理想、职业或专业理想和社会理想，政治和哲学上的态度言行也在其中），第二个是道德品质，第三个是学风、作风素质（如勤奋、认真、踏实、竞争、拼搏、远见、创造、开拓进取、辩证思维、效益观念及自我激励能力等）。这三个德育目标结构组成部分是相应人们改造客观世界和主观世界，以及人们同社会关系各方面接触过程中形成的，不是主观想象出来的。三个部分互相关联、相得益彰。对任何一个部分都不能忽视。但过去往往把第一个部分缩小（缩到只看政治态度），把第三个部分忽略，这是不当的。当今时代的发展，第三个部分越来越显得重要，而第一个部分又必须把生活理想、职业（专业）理想和社会理想辩证地结合起来。任何片面抓德育目标或割裂德育规格结构都是不符合时代的要求的。

德育结构每个部分的具体目标、要求也要适当，要有个层次，因势利导逐步提高。学生无论智力发展或品德发展，都存在不平衡，学习质量有上下之分，觉悟水平也有高低之别，马克思主义世界观的形成与发展，受到许多条件的制约，要求一刀切或一蹴而就都是不行的。

"突出政治"的观念要清除，道德概念的认识要辩证。

时代的发展，必然涉及政治、道德概念的革新。学校要敏感地实事求是地对传统的政治、道德概念进行分析，加以扬弃。该清除的就清除，要加以全面阐述的就全面阐述。

"突出政治"，这是个错误的但又在相当长的时间里得到推行的概念。这个概念的要害在于它把政治和经济对立起来，同专业，同学习文化、科学知识对立起来，又把后者加以排斥、贬抑。今天这个概念已没有再提了，但它的阴魂还没有消散。比如有的学校领导和教师对农村、城市经济改革的重大问题不关心，不考虑它对培养社会主义人才有什么联系；有的班、团队思想教育活动没有同成才教育结合起来；有的同志对社会主义现代化建设就是最大的政治，思想上并未接受，还受过去所谓"唯生产论"的影响。如认为特区经济上去了但政治却后退了之类，有的教师评价学生，着重看他口头有无挂上政治术语或马列词句，是否形式上多接近团队组织等，而不看他是否按三中全会以来的路线方针政策要求努力学习力争成才，等等。可见"突出政治"这个观念还要继续深入加以批判。

要加以全面阐述的比如："金钱观念""实惠思想"。对待钱，有一切向钱看的思想，也有的是讲求效益的态度。一切向钱看这是资本主义道德观念，它的特征是只管个人发财，个人得利，不管大众死活，不为别人谋利益。在对外开放、对内搞活经济的条件下，它可能借我们管理工作上的不够完善，趁势沉渣泛起，一定要加以批判。但与此同时不要否定钱的观念，钱或货币是核算手段，在商品社会里，办事的效益往往是直接间接通过钱去体现出来的，一个人如果没有钱的观念，他就是不懂得管理，不懂得办事的人。我们必须教育学生具有经济效益观念，懂得价值规律，对待金钱要有正确的态度，要重视它但不能做它的奴隶。对待"实惠"思想也要分析。要看它同什么联系起来。不讲方向，不讲共产主义理想，或把理想放在第二位，只管个人得到好处，不顾国家人民受到什么损失，不想尽公民应尽的义务，这是资产阶级个人主义的体现。但如果指的是关心合法的物质利益，这是正当的思想，因为人们总是从物质利益上去关心自己的工作和生产的，中央五讲四美三热爱要点中说道："思想教育一定要同满足人们多方面的需要结合起来，使人们从这里得到实惠，受到教育"。（见《光明日报》1985年1月12日）

可见我们做思想工作不要一听见学生有实惠思想就断定为不对，要加以分析，要因势利导，逐步提高学生的思想水平，共产主义思想不是呼喊口号就能达到的。"艰苦奋斗，勤俭节约"。这个概念是正确的，今天还要坚持。不能因为今天提出在发展生产基础上改善生活而忘了保持这个品质。我们国家底子还薄，即使达到小康水平也还有很繁重的创业任务，丢了艰苦奋斗、勤俭节约的好传统，我们就会走歪方向，就要吃大亏。当然对这个概念的内涵和标准，要随着社会生产的发展、人民生活水平的提高而相应变化。

"个人奋斗"。个人与集体的关系本来就是辩证结合的。我们的经济是以社会主义公有制为基础的制度，强调集体主义精神是必须的，但也不要把个人与集体对立起来。在商品经济中，在信息社会里，知识发展快，讯息传达速，在许多情况下不能划一行动，同步发展，往往需要个人的敏锐和果断，需要个人敢于承担责任，这样个人的努力就很为重要。一长责任制、承包责任制都带有个人主体奋斗的性质。独立钻研，独立工作，勇于开拓等都反映出个人主体奋斗的精神。所以对个人奋斗要加以分析，不能一概否定，我们反对的是个人主义，是脱离社会主义现代化目标的，背离时代要求的"自我设计""自我奋斗"，至于方向正确，在集体中敢于发挥个人的作用，搞出自己的风格自己的特色，那不仅不应反对而且应加以提倡。

"兢兢业业，规规矩矩"。这些道德术语，过去总是笼笼统统地完全作为道德规范中的褒义词，对它，今天应加以分析。应该肯定在某种条件下，这些术语今天仍有褒义作用，如相对于松松垮垮、大大咧咧、随随便便和无视纪律而言，这些当然是好品质。但从今天要培养创造性人才来说，如果处处都不敢打破常规，这就不适应改革的要求，就显得落后于形势，就有贬义之意了。今天的人既要勤恳扎实，遵纪守法，又要敢于改革，敢于创新。

总之，随着时代的发展，很多传统道德概念都要加以审视，必须使伦理观念符合时代发展的要求。

学生特点分析要同时代精神挂钩。

近年来对学生特点分析的文章甚多，仁者见仁，智者见智。这里有两个前提要先解决，其一是分清一般还是个别，其二是明确评价的标准是什么。

如果是个别的情况这就没有意义，我们只能就一般情况谈。对于一般情况的评述，还要有个共同的立场标准。立场标准不一样，同一个人的同一表现也可能得出截然不同的结论。比如看到学生注意学习外国，站在闭关锁国的立场并以此为标准就会认为他崇拜外洋，如站在对外开放的立场，则会认为他是视野开阔。这就没有共同语言。

笔者认为分析当代学生的思想倾向，必须根据时代特点与时代精神，这样无论得出是褒是贬的结论，都有积极意义，是扬是弃都有利于时代发展。

从这个标准出发，笔者分析了广东省的部分中学生，得出的结论是学生的思想总体是很好的，有如下七方面的倾向，这就是爱国、爱知、爱思、爱动、爱美、爱富、爱独立。

这七种倾向都可以用事实例证去说明。

爱国，主要表现在四个方面：一是，决心扎根祖国，即使地处资本主义物质文明影响较大的特区地方的学生，也以扎根祖国为荣。如珠海市1984年几所中学几个高中班级随机抽样检查，95%的学生表示毕业后定居珠海，其余5%的学生也只是希望出去看看，但最后还要回来定居。在深圳也有类似的情况。二是，关心祖国前途命运，据四所城乡和特区中学从初一到高三六个年级问卷调查，问振兴中华要抓什么，100%的学生都作了回答，并提出了自己的见解；问对祖国现实还有什么不够满意，绝大部分学生不回避回答，而提出的意见也正是我们应该致力解决的矛盾。三是，与祖国共荣辱共呼吸，如对奥运会我国运动员的胜利和失利而产生的感情起伏，对收回香港主权的情绪，对抢救大熊猫和修我长城的态度等，都是与祖国脉搏一起跳动的。四是，为振兴中华立志成才这个口号已为中学生普遍接受，绝大部分学生都按此方面考虑自己的职业思想。

爱知，主要表现在下列三个方面：一是，以鼓励学习的格言为座右铭。根据城乡及特区1984年四所中学初中三个年级部分班调查，学生写出自己所喜爱的格言中有50%是属于学习方面的。二是，努力扩大知识面，几乎所有中学生都积极参加课外活动，很多人还要求跨活动组。学校或社会组织咨询活动，前来咨询的学生很活跃。课外阅读已逐步成风，特区和农村也不例外。珠海二中80%的学生拥有市图书馆的借书证。深圳二中初高中有四个班，全部同学争取到市图书馆借书的特许证。高要县广利中学，虽位居农村，但学生购买图书却很积极。高中有一个班50多人个人买书就达570多本。三是，喜欢和崇拜顽强求知的人物和名家，如张海迪、爱因斯坦等。

爱思，主要表现在下列三个方面：一是，多数人学习不喜欢老师灌而喜欢多让自己想。根据我们在城乡和特区七所中学初中六个年级32个班的调查，高中有52%的学生希望老师讲政治课讲重点，让学生多想，另有40%的学生还提出先让学生看书，提出问题，然后教师讲。二是，喜欢学哲学，年级越高人数比例越大。根据同上材料，高一喜欢哲学的有15%，高二有47%，高三有57%。三是，对接触到的各种问题，大的如国家大事（诸如收回香港主权、计划生育等），小的到家庭或自我评价（如父母为什么老是同自己看法不一样，自己能否成为强人等），好独立思考。

爱动，主要表现在下列四个方面：一是，爱交往，即交朋友，友好往来，庆节日，庆生日等等；二是，爱结社团，有的是有形的、有宗旨的，有的是无形的、无宗旨的，反正喜欢经常在一起搞一些共同的活动；三是，爱参与社会活动，如参观、访问、社会调查等；四是，喜欢旅游和其他文体活动。

爱美，主要表现在喜欢生活丰富多彩。大多数中学生都注意自己的服装和发型，努力充实文化生活，希望生活充满欢乐。

爱富，主要表现在普遍希望社会家庭和个人生活富裕。在我们的调查材料中，不少是反映出这种思想的，如希望为社会创造更多财富，劳动致富，过上富裕的生活，小康水平，希望看到共产主义社会的家庭生活水准等。农村中学还反映出学生想做万元户（如某校高一班有13%），也有人希望离开农村找个合适的工作（同上班有23%），有人则希望到特区谋职（同上班有5.7%）。

爱独立，主要反映在三个方面：一是，在学习上和对待社会问题上爱独立思考（如主攻哪门学科，参加哪种课外活动小组，计划生育好不好，在中学入不入团等）；二是，在对待金钱上要独立支配（如用于学习或用于生活）；三是，在异性关系上要自己作主（如同不同校外某人来往之类）。

以上"七爱"的倾向，除爱国一项有指向性外，其余"六爱"，均无指向，只是几种学风、作风的素质，它的发展可正可误，这就得靠学校的教育。但无论怎样，笔者认为这"七爱"的出现是时代的产物，是时代的胜利，应归功于党的十一届三中全会的路线方针。20世纪50年代初这种思想倾向出现过一下，但很快就被"左"的思想冲掉了。在"四人帮"猖獗之时，这"七爱"更受到压抑。且不说爱知、爱思、爱动、爱富、爱独立被目为修正主义而会被送上批判台，就算爱国也使人思想怅惘，不知爱什么又如何去爱！至于爱动，似乎容许存在，如"造反"是受到鼓励的，但恰好它走向了反面。许多爱说爱动的人到头来自己也受到不许乱说乱动之报了。再且国民经济被弄到崩溃边缘，人们哪里还有心思动！要动也动弹不得了！

"七爱"中虽"六爱"无内容指向，但却有时代指向，这些学风作风素质是青少年全面发展的心理基础，是社会兴旺发达的思想条件，教育工作者要重视它，并加以因势利导。

德育方法的运用要符合"三创造"的要求。

我们时代要求培养的是有创造抱负、有创造才干并开展创造性活动的人,我们的德育方法就必须革新,要改革长期以来那种传经布道,口授为主,坐而论道的方法,要适应国内形势的发展以及学生的"七爱"思想倾向,开展创造性的德育活动。

1. 让学生多接触社会,多了解政治、经济和科技发展的形势,扩大学生视野,广纳各方面信息

现代化的人,一要基础好,二要知识宽,三是能力强,这就要多交往,广纳信息。发达的国家信息交往是很频繁、很广泛、很方便的。美国当今电话普及率达82.7%,每年人均邮件200~500件,大中型计算机1976年就达21万台。我国在这方面差得很远,如电话普及率只有0.4%,人均邮件每年才3件,大、中、小型计算机合共才几千台,而且开机时间短,利用率低(见《中国教育报》1984年7月31日)。所以今后尽量创造一些条件让学生多交往,眼界开阔才能思想开朗,闭目塞听埋头书斋只能出书呆子。一些学校带学生开展各种调查研究和开展咨询活动、旅游活动都是有益的,既符合时代精神也符合学生爱知爱动的特点。

2. 要给学生机会,让他们体现首创精神

学生的"七爱"倾向本身就内含首创因素,问题在于引导。要创造条件,给予机会让学生这种精神得以体现,得到培养和发展。现在有的学校让学生办报社、办诗社、办服务中心、办俱乐部、搞环境保护小组等等都是培养学生首创精神的好形式,既锻炼了能力,又加宽了知识面。这些活动并不用花费很多时间,而且可以同教学活动、课外活动和团队活动结合起来。开展这些活动形式要注意生动活泼,最近武汉、上海等地一些中学布置学生作文,题目是"假如我是武汉市长""假如我是班主任"等,很受学生欢迎,也很能锻炼学生的德才学识。

3. 要让学生在竞争中受到教育

时代要求我们的新一代要争强好胜,不甘后人。教育工作应该鼓励竞争。竞争也符合学生爱独立好争取别人认识的心理。可以引之上进。竞争和自私并无必然联系,在我们国家里竞争倒可以培养集体主义精神,我国运动员的培训就说明了这一点。我们在班级里提倡互助,也提倡竞争,在竞争中互助,又在互助中竞争,这是集体主义精神培养的辩证法。

4. 要把审美教育贯彻在德育过程中

社会主义就是要让人民逐步生活得更美好,能够在工作学习生活中提出审美的要求,这是我们社会主义建设取得成就的体现。学生爱美是自然的。学校全部

生活从某个角度看都可以用美与不美加以概括。对学生关心美，我们要主动欢迎它。特别是在对外开放，西方审美情趣渗入的情况下，我们的德育工作，更要讲美，使学生从西方资产阶级以感官刺激、肉欲享受的审美标准中摆脱开来。现在一些学校引导学生成立美学爱好者协会、美学兴趣小组等组织并广泛开展活动，很受学生欢迎，这是好事，应加提倡。

　　按照时代精神、学生特点改革德育方法，涉及的问题还有很多，比如因材施教，分层次要求问题，德育评定要适应培养创造人才问题等等都要加以探索，限于篇幅就不再赘述了。学校德育改革问题是一个大问题，解决这个问题必须从宏观看微观，从未来看现在，不能就教育论教育，更不能就德育论德育。我党十二届三中全会作出的关于经济体制改革的决定是一个重要文件。他不仅指导我国的经济改革，也指导其他战线的改革。我们研究学校德育改革必须把这个文件学好，只有这样，我们的工作才能高瞻远瞩。

（原载《深圳特区教育研究》，武汉大学出版社，1985 年）

"三个面向"与开放地区的德育

如何按照教育要"三个面向"的精神改革学校德育，这是教育领域要研究的一大课题。回答这个问题需要作广泛深入的调查研究和教育试验，这里只就近几年在广东接触到的一些情况谈点探索性的设想。

一、 学校德育 "三个面向" 的核心是按照时代精神确定学校德育的目标

教育要"三个面向"，含义极为深远，从不同角度可以作多方面的阐明。笔者体会其精神，就是要教育跟上时代的步伐，为实现我国四个现代化、赶超世界先进水平服务。学校德育"三个面向"，其核心所在，是要学校认识时代的特点，了解时代的精神，以时代精神塑造学生的心灵，还要为造就一批青年马克思主义者打下思想基础。

我们的时代有些什么特点？全国工作重点转移后，特别是党的十一届三中全会以来，我们可以看到至少有以下一些理论与实践同过去年代有明显的不同：以经济建设为中心，要求高速度、高效率，2000 年实现初步的现代化，2000 年后向更高度的现代化迈进；物质

文明建设与社会主义精神文明建设相结合，在实现现代化的同时，要使越来越多的人成为有理想、有道德、有文化、有纪律的劳动者；实行机构及经济体制改革，加强责任制，落实按劳分配，讲竞争、讲效率；统一祖国，实现爱国一家，充分调动全国人民的积极性、创造性；对外开放，排污不排外，要利用国外科技资金、人才为我国社会主义现代化服务，为赶超世界先进水平服务；等等。

正是这些理论与实践，使我国长期停滞的局面迅速改观，使全国欣欣向荣，人民心情振奋。可以说，上述这些理论和实践，反映了我们时代发展的特点。

时代的发展必然有相应的时代精神，这是时代本身的要求，也是时代发展的保证。这种时代精神不是某人呼唤出来的，更不是人力强加的，而是在实现时代的任务，在执行符合历史发展规律的路线方针政策中逐步形成，并从一些时代的先进分子的品德中表现出来的。了解时代精神，不能从猜想中求答案，而必须从实践中，从走在时代前沿的先进分子的优秀品德中得出结论。

根据我们对部分时代先进人物的代表如栾茀、蒋筑英、罗健夫、张华等的优秀品德的学习分析，我们发现，这些先进人物虽各有其个性，但都有下列一些共同特点，这就是：振兴中华的强烈愿望与献身精神；社会主义的坚定信念；为人民服务的崇高风格；不困于物欲，不惑于金钱的高尚品质；不怕挫折，勇于改革，高瞻远瞩，开拓进取，实事求是，讲究效益的优良素质。

正是这些品德推进了他们从事的事业；也是这些品质鼓舞了广大人民实现祖国社会主义现代化、赶超世界先进水平的奋发精神。笔者认为，这是我们时代精神的体现。

以时代精神改革学校德育，这是国内外形势发展对我们提出的要求。学校德育必须从宏观着眼，从教育与国内外当前及未来发展出发，从开创社会主义建设新局面的要求考虑，进行设计。比如要看到本世纪内我们的学生将在两种社会制度并存的局面中成长和工作，因而思想工作必须使学生既做到四个坚持又能灵活机动，既能正确处理科技的信息又能正确处理社会思潮的信息。

用时代精神改革学校的德育工作也将使学校德育更有成效。现代学生对社会信息接受敏捷，但信息处理能力薄弱，因为在其信息处理系统中缺少马克思主义哲学的思想；他们有成为新一代人的愿望，但新一代人的形象如何，他们又认识模糊，解决这个问题的途径就是要在他们的脑海里输入时代精神，只要学生有接受时代精神的要求，我们就有了把他们培养成为社会主义现代化的新一代的责任。

二、 对开放地区学校德育贯彻 "三个面向" 精神的几点认识

以时代精神塑造学生，这是学校德育 "三个面向" 的共性，开放地区也不例外，不同的只是结合开放地区现代化建设的特点和学生的思想特点去体现这个精神。下面根据广东的情况谈三点认识：

（一）结合地区特点和学生思想制定学校德育目标

制定德育目标是学校德育首先要解决的重要问题，它是学校全部德育工作的依据，是学校落实 "三个面向" 的具体体现。

制定学校德育目标除了要依据学校的特点外，还要根据地区的特点和学生的思想特点。广东是办有几个特区的对外开放地区，特区的现代化建设影响比较深远，所以学校要从特区的角度出发，去考虑开放地区学校的德育目标。

特区从其经济性质看是社会主义国家领导下，多种经济并存的综合体。根据中央的指示，特区要办成对外开放的 "四个窗口"，特区要 "特事特办，新事新办，立场不变，方法全新"。

立场不变是特区学校德育工作的根本点，学校一定要把坚定正确的政治方向放在学校德育工作的第一位。德育目标中要把爱祖国、爱社会主义、爱中国共产党放在突出的地位，把民族自尊心、自信心、自豪感列为重要的德育目标。特区是不断同外国资本家、同华侨资本家打交道的地方，除了在政治立场上考虑促使学生成才外，还要教育学生善于学习，培养他们具有开拓者的品格和素质，不是成为书生型的人才。

对特区学生的思想要作全面分析。就目前看，特区学生的思想同时代精神既适应又不适应，这种适应与不适应具体表现在：

（1）许多学生从现代化建设，从就业的要求看到掌握知识技能的重要性，因而有为四化成才的心愿，并激发了读书的动机。但一般来说刻苦钻研、奋发学习的精神不足，还未产生成才的迫切感。

（2）目睹四化建设的成就，特别是特区建设的成就，体会到祖国大有奔头，向心力大大加强，离心力（向往港澳）大大减弱。但对社会主义制度优越性和资本主义制度腐朽性的本质，没有深刻的认识，还未产生情感上的体验。面对资本主义国家先进科学技术和物质成就，一些学生仍有某些民族自卑感。

（3）深信党的十一届三中全会以来党的路线方针政策的正确，无论城市或农村的学生，对党的政策都感到由衷的高兴，从而对党领导四化抱有信心，但相当一部分学生对党能克服不正之风信心不足，农村学生则还怕党的政策不稳定。

（4）关心同学，关心集体，但仍未达到为人民服务的高度，个人主义实惠思想仍然很有市场。

（5）思想比较开放，敢于思考，但辨别是非能力不强；也没考虑开放将会对自己的成长带来什么要求。

（6）追求美好生活，但带有西方的审美情趣。

综合以上分析，开放地区中学生的德育目标可以作这样的概括：有兴华之心，成才之志，创业之行；有爱国、爱社会主义、爱中国共产党的情感，有强烈的民族自尊心、自信心、自豪感；有为人民服务的精神，互相关心，互相爱护，互相帮助；先公后私，先人后己；有开拓者的素质，如好学不倦，勇于改革，讲究效益，竞争拼搏，实事求是，审美创新等。

（二）适应对外开放，对内搞活经济的政策组织学校德育

这里首先要改变一部分人的一种不正确的观念，他们以为对外开放，对内搞活经济只是在经济建设上有积极意义，对思想建设则没有积极意义，只存在有排污、防范之类的要求。这种片面之见，不仅对学校德育不利，对执行"开放""搞活"的政策也将产生不良影响。

一项在物质文明建设上起积极作用，深为群众所拥护，能调动广大群众建设积极性，而在实践上又取得重大成效的决策，怎么可能在思想建设上只起消极作用呢？广东学校的德育成果，对此已作了否定的回答。

广东珠海市是个新兴的特区城市，这个市的中学生，在办特区前和开放初，思想比较混乱，向往澳门，申请去港澳及国外的很多；在校无心自学，热衷于香港电视，小偷小摸，打群架的不少。但从办特区到现在的三年里，情况却大大起了变化。该市引进建设项目 48 个，签了 12 亿 5000 万美元的合同，建立了旅游、电子、轻纺等企业，促进了农业、渔业的发展。由于工农业生产的发展，解决了全市的就业问题，人均收入也大大提高。如湾仔公社 1978 年人均收入仅 207 元，1981 年就达到 729 元，渔业队则更高，达一千多元。现在又进一步发展。月收入二三百元是平常事。职工工资也显著提高，月收入 200 元左右者相当普遍，教师收入算是比较低的了，但一般工资加补贴每月也有 130 元。无论城市农村，几乎家家都有彩电、冰箱。城市的发展，家庭生活水平的提高，人们心情舒畅，学生也容易接受思想教育。"三中全会好"，"珠海比澳门好"，"党有办法"，这些认识是普遍的，几乎没有争议。问学生"珠海比澳门好在哪里？"答"物质生活条件澳门有的我们都有了，但澳门有的赌博、娼妓我们则没有"；"澳门存在的就业难、不稳定我们也没有"；"许多澳门人来珠海做买卖都是住在很低等的旅舍，有的还睡街边，可见他们生活也不怎么样！"现在珠海市的居民，申请外出的很少了，而从澳门申请回来定居的却很多。比如湾仔公社 1982 年申请出去的是 40 人，而回来的却有 143 人。申请出去，又倒回来的人每年都有不少，1983 年就有一百多。最近这个市教育局分别在几个中学找部分学生座谈，问学生将来想在哪里定居，大部分都回答说要定在珠海，比如湾仔中学 52 人参加座谈，就有 48 人表示要定居在珠海，不羡慕澳门，另 4 人表示定居珠海后，中间出去看看。随着经济的发展，企业管理的更新，人们逐步重视学习，社会重视学习，家庭也重视学习。这就促使学生也重视读书。现在许多学生都能自觉做到只在星期六晚上看电视，相当部分学生注意读课外书，珠海一中 80% 学生有市图书馆的借书证，高中毕业后报考高等学校的人数也增多了。随着形势的发展，社会的进步，生活的提高，党、团组织在学生心目中也增加了威信，学生申请入团的多了。珠海二中 1 226 个学生中就有 700 人申请入团，珠海三中是新办校，学生上团课也很踊跃。由于经济的发展，对外交往的频繁，社会的进步，收入的增加，学生在道德品质文明礼貌方面也有进步。据公安部门反映，近年在全市的中学生中没有发现犯罪行为。小偷小摸也是极个别的。学生在校尊敬教师，在外待人有礼。上述事例证明一个问题：对外开放，对内搞活经济，对思想建设也有积极作用。

"开放"与"搞活"是我们实现社会主义现代化建设的战略性措施，闭关锁国的建设，一潭死水的经济，无法实现四个现代化。实现学校德育的"三个面向"，一定要自觉认识"开放"与"搞活"中的育人因素，并把它运用起来，把学生引向追求时代精神，实现我们的德育目标。"开放"与"搞活"中的育人因素很多。举例来说：

第一，引进科学技术、管理经验、资金、人才，既可促进经济建设，也可激发学生为振兴中华努力成才。它可以从另一角度告诉学生，我们在许多方面还不如世界上某些发达的国家，新中国的学生必须发愤图强，立志成才，自力更生，填补空白，赶上世界先进水平。

第二，在改革和创新中，显示了中国人的聪明才智，可以启发学生的民族自尊心、自信心。

第三，特区的四个窗口既是引进的窗口，也是观察国外的窗口，可以引导学生了解科学技术、人才与社会制度的关系，可以加深对资本主义制度腐朽性的认识，提高对社会主义制度优越性的认识。

第四，运用"开放""搞活"的成就，可以使学生认识十一届三中全会以来路线政策的正确性，增强对党的热爱。

第五，通过对外开放和"四个窗口"，使学生看到国际竞争的激烈，认识到不能把自己培养成书呆子型的人才，而必须培养起企业家的品质。

第六，可以吸取港澳地区及国外品德教育某些有益的东西，如中国香港、新加坡的文明礼貌教育等。

当然，对外开放，对内搞活经济，在思想建设上也会带来消极因素，必须有所准备，把教育工作做在前头。比如物质文明的对比，可能产生对社会制度的错误认识；高收入会导致好逸恶劳的思想；就业容易使人不愿学习；西方审美情趣会导致资产阶级恋爱观和早恋的发展；香港电视内容看后会使人精神不振；用经济管理经济可能产生一切向钱看的思想；加强责任制可能导致个人奋斗；竞争可能导致互不关心……这些现象是存在的，有的还发展得比较突出。如资产阶级恋爱观、早恋。但是这些现象并不是必然的，它的出现和发展主要是放任自流或教育不力的结果，许多学校由于有针对性地加强了教育，上述现象就大大减弱甚至消除。

比如针对开放带来的物质文明对比可能产生社会主义制度不如资本主义制度的错觉，有的学校就收集资料，分析对比香港与深圳的建设，指出深圳仅用三年多时间就建成一个初具现代化规模的城市，而香港从建港到第二次世界大战前，其现代化程度还没达到深圳现在的水平。我们在很短时间内取得如此巨大的成就，原因虽然很多，但根本的却是两条：一是党的政策的威力，二是公有制的力量。学生听了很受启发。

又如针对特区就业容易、工资收入高、学生学习放松的状况，有的学校就从两方面去开导，一是从特区经济是社会主义制度下以市场调节为主的国家资本主义经济的性质，去说明特区的企业是在竞争中发展的，技术不断更新，或转产，工人的知识技术基础如果不扎实，在更新转产时就会不适应，有朝一日，就会被列入编外甚至被解雇，所以必须打好中学的文化基础，并在此基础上尽量掌握一门专长；另一方面，按照个人志趣，要想从一个产业部门转入另一个产业部门也必须有较深厚的基础。这些分析很能触动学生的思想，在一定程度上促使他们重视学习。对外开放，对内搞活经济，是我国当前现代化建设的一条红线，开放地区人们的思想和学生的思想都将在这根红线上上下波动。学马列讲道理，都要围绕它去进行。学校德育要主动适应这个特点。这也是学校德育"三个面向"的要求。

（三）按照成才要求安排德育序列，考虑德育方法

"三个面向"落实到学生，就是要他们成为实现祖国社会主义现代化的人才，学校德育任何时候都要紧紧围绕这个目标。广东办特区初期，由于就业容易，收入又高，许多学生产生了不重视学习，不重视成才，愿早日就业的想法。这是不符合社会发展要求的，是背离德育"三个面向"精神的，也离开了学生家长的心愿。学校德育要同学生成为社会主义现代化之才结合，必须解决三个问题：第一是要使学生品德结构及其内容适应这方面成才的需要；第二是合理交排出一个实现品德结构各部分目标的序列；第三是教育方法要适应时代的特点和成才的特点。下面分别加以阐述。

第一，关于品德结构。每个人的品德都有一定的结构，这个结构是在社会交往中历史地形成的。一般说来，这个结构可以概括为下列三个组成部分：理想信念（包括对国家、对社会制度的信念及对指导我们事业的理论基础的信念）；道德品质；这是个人与社会、个人与个人之间的行为规范；作风素质，这是学习、工作与生活，所必须具有的态度修养。

对于学生成才来说，作风素质是重要的，但却不能只从作风（包括学风）去要求，过去曾经出现过只把作风素质变成各科学习的保证的片面做法，这是不对的。但如果不重视作风素质的培养，则更是错误的。随着时代的发展，作风素质越来越显出其在德育中的重要地位。我们必须在品德结构各个方面即理想信念、道德品质、作风素质的内容上反映人才的素质。应该指出的是，培养社会主义现代化的人才，对品德修养上的要求必须是全面的，上述品德结构中缺任何一个部分，或把一个部分弄歪了方向，所成之才都不是我们时代需要的才，而只是个有缺陷的才或者是个歪才。

第二，关于教育序列。学校德育要把学生引向德育目标，不是一蹴而就的，要有个循序渐进的过程，即有个序列安排。这个序列除了要结合学生的年龄心理特点外，还要结合学生思想觉悟的程度。"十年动乱"，拨乱反正，对外开放以及国际共产主义运动一些反复，使国内一部分人带着怀疑的眼光看世情，一些年龄较大的青年更由于种种原因而产生了对教育的抗药性，虽然随着国家各方面的好转，这种状况有很大的转变，但彻底解决这种思想还得有个过程。社会上的许多思潮必然影响到学校，影响到中学的一部分学生，导致他们只讲个人实惠而冷政治。学校德育要贯彻时代精神，就要在德育目标的序列上作适当的处理，除了考虑年龄心理的可接受性外，还要考虑社会的可接受性。要善于因势利导，一步步把学生引向我们的目标。比如有些学生一时不能接受共产主义理想的教育，就可以从生活理想入手，顺着他们的思路逐步使他们懂得理想的生活，只有理想社会才能实现。人们理想结构的三个组成部分即生活理想、职业理想、社会理想是辩证统一的，真理在我们手上，我们完全可以从生活理想把学生逐步引向共产主义理想。现在广东一些中学就是循着这个方向做的，已取得一定成效。

从学生品德结构三个方面出发，针对社会心理的可接受性，可否大致形成这样的安排：

理想信念：生活理想—职业（专业）理想—社会理想（爱集体—爱国—爱社会主义—爱共产党）。

道德品质：互相关心，互相爱护，互相帮助—利人—先公后私—为人民服务。

作风素质：勤奋—求精、效益观念—拼搏—创新、创业精神。

以上序列不是机械的，孤立的，而是灵活的，辩证的。比如生活理想可以直接引向社会理想，社会理想可以指导生活理想，爱集体可以直接引向社会理想，社会理想可以指导生活理想，爱集体可以直接引至爱社会主义，爱共产党。对有的学生也可以从中间环节作起点，如一开始就抓专业理想教育，继而引向生活理想、社会理想。上面排出个序列，只不过想说明要结合实际，选择可接受的起点，因势利导，引向时代精神。

第三，关于德育方法，按照时代特点和成才要求，德育方法必须进行改革。首先要改革德育方法的指导思想。过去很长一段时间，有些学校把德育方法变成传经布道法，而不是培养人才法。于是采取口授为主，阅读跟上，座谈表态，闭门修养等等做法，这种状况必须改变。在指导思想上要明确几点：一是，学校德育方法要有利于培养振兴中华的人才；二是，德育活动要有利于学生在德、才、学、识上都有收益；三是，要有利于培养学生自治自理的能力。为适应这个指导思想，就要对过去常用的方法进行检讨。我们长期习惯于讲读式的方法，如报告会，表决心，宣誓会，谈体会，读报纸，谈心得等，这种方法在一定场合下是可以用的，但不要把它变成主要的教育方式。讲授式的思想教育方法，虽然可以增加一些道德知识，有时也可以触动一下道德感情，但它很难培养起道德品质和品格素质。德育同智育一样，也存在一个教是为了不教的问题，必须使学生能够自治自理。为此就不能以讲授法、阅读法为主，特别是中学生年纪还小，更不宜于多用此法。我认为德育方法，应以活动法为主，讲授法可以作为一种辅助形式。从开放地区的特点看，学生因受国外影响，比较活泼好动，好交往，家庭经济一般又较好，有开展各种活动的条件。活动法的形式较受欢迎。至于活动的原则，许多学校提出三性要求，即思想性、知识性、趣味性，我认为还要再加两性，就是竞争性、审美性。中学生正处在迅速成长期，很想显示他已长大，想争取别人的认识。竞争性对他们的道德成长很有推动作用，也有利于培养许多良好的品德和素质。一些学校围绕某些有意义的主题组织团体的和个人的讲演比赛，很受学生欢迎。审美性也符合青少年的心理，特别在开放地区，学生对此更为关心。各种竞赛贯彻审美创美的因素，有利于促进他们向往美好，充实其生活，抵制西方情趣的影响。一些学校在举行音乐欣赏评论会后，组织歌咏比赛，组织专家教师学生共同评审，促进了学生精神境界的提高。

第四，要有意识地组织学生观察调查开放地区有形的与无形的积极因素，促使学生思想朝着"三个面向"的要求发展。开放地区是面向世界的窗口，面向未来的观察站，也是面向现代化的对比点。这里有许多有形与无形的积极因素，要引导学生观察了解。它可以增强学生"三个面向"的思想素质。比如高速度的建设成就，这是有形的积极因素；"在改革中求发展，在质量中求生存"的竞争精神，效益观念，这是无形的。这些都是思想建设的积极因素，有利于增强民族自信心、自豪感；有利于培养适应现代化要求的思想因素，要让它深深印入学生脑海。

第五，要提倡和引导学生读书，读马列，读毛选，读邓选，读中国近、现代史。可以自由组织、自由讨论。让学生自己分析社会矛盾，探索解决办法。这是加强哲理认识的根本。在开放地区如果不抓紧这一条，我们就放弃了一个最重要的思想教育阵地。

第六，要组织社会、家庭共同克服在开放实践中产生的种种不利于育人的消极因素。如为了急办企业，招工部门不坚持思想标准和学历标准，学生就业很容易，造成工人选企业而不是企业选工人，于是学习上进心不强，结果削弱了成才的理想；又如，家长收入高，给子女零花钱多，每月一般给三四十元，个别多的给上百元，学生因而养成花钱大手大脚的作风；等等。

学校德育的"三个面向"是件复杂、艰巨的工作，有意识地研究、实践，现在才刚刚开始，但这是一个紧迫的工作，是一项重要的教育竞争，一定要把它做好。

（原载《三个面向与教育改革——中国教育学会第一次全国学术讨论会文集》，教育科学出版社，1985 年）

商品经济与开拓型学生思想素质

党的十二届三中全会明确指出：商品经济"是实现我国经济现代化的必要条件"。发展商品经济虽是经济领域的决策，却掀动到各个领域的改革，学校教育也不例外。学校工作当然不是以发展商品经济的要求作为全部依据，但无论德育、智育、体育都得考虑到商品经济发展提出的人才素质，这是不以人们意志为转移的客观事实。为此，本文仅就发展商品经济与培养开拓型学生思想素质方面谈点认识。

现在不少学生对成为企业家式的人才很感兴趣，常以开拓型、创造型人才自勉。他们积极参加第二课堂活动；重视提高分析问题和解决问题的能力；注意了解社会，广纳信息；勇敢挑起班干担子，主动参加班干竞选等等，这是值得高兴的事。然而也存在一些问题，其一是一些学生对开拓型人才的学风、作风和能力等个性心理素质（如勤奋、拼搏、创新、自我教育等）比较重视，而对这种人才的理想、道德等社会关系方面的素质（如集体主义精神）则注意较少。其二是对开拓型学生的思想特点认识不清，比如把创新变成处处与众不同；把打破常规看成不受纪律约束；提倡敢于改革就把家长、教师视为保守力量；鼓励竞争拼搏就不讲协作精神；等等。

产生这种现象的原因很多，重要一环是教育工作没有跟上。我们没有认真研究过发展社会主义商品经济对学生思想素质提出了什么要求，因而也没有主动对学生进行相应的思想素质的教育。报章杂志，针对某一方面问题可以突出企业家的某一方面思想素质，但学校设计开拓型人才的思想素质则必须注意全面，要把社会主义的特殊性要求（如加强公有制基础，走共同富裕道路等）同商品经济的一般性要求（如符合价值规律的要求等）结合起来考虑。本此，笔者认为适应社会主义商品经济发展的开拓型人才应具有如下主要思想素质。

第一，有远大理想，有坚定信仰，有预见能力。

商品生产者固然要洞悉市场的未来、行情的发展，但更重要的是懂得历史的行程，掌握自己的命运。参与发展社会主义商品经济的人，不应是过去社会的"生意人"，而应是社会主义的创业者，应具有社会发展的科学知识，有马克思主义的信仰，重视研究实际，有一定的预见能力，胸怀开阔，在远大理想与个人实惠发生矛盾时，把振兴中华，实现社会主义四化放在第一位。

第二，善于处理竞争与协作的关系、个人与集体的关系，具有纪律观念。

发展商品经济就得提倡竞争、创造的精神，提倡发展个人专长。但我们都有一个共同目标：加强社会主义公有制经济力量；走全国人民共同富裕的道路。因此还要有集体观念，个人的创造要考虑整体发展的要求。还要有守纪律的品质，遵守计划指导，懂得小竞争要服从大竞争。

第三，有勤奋学习、锐意进取、艰苦奋斗的精神。

世界科技发展日新月异，经济竞争日益激烈。因此开拓型的人才，一定要有强固的后劲，打好知识基础、能力基础。除了向教科书学习，还要向实践学习，向有经验的人学习，向国外学习，向传统学习。一定要广纳信息，只有这样才能开阔思路，克服因循守旧，跟上发展，而要做到这些，就必须具有艰苦奋斗的精神。

第四，有综合思维、创造思维的能力。

创造、进取、分清界限、处理讯息等等都要有综合思维和创造思维的能力。只有再现思维是不会成为开拓型人才的。综合思维能力是指把头绪纷繁的信息理出个头绪，分清主次，分清归属的能力。创造思维能力是指在综合思维基础上有所发现，有所发明。有了这两种能力，在商品经济竞争中就会头脑清醒，并善于作出对策。

第五，有自我批评自我激励的能力。

竞争是复杂的，要处理好各种关系，摆正航向，需要及时总结经验，善于分析成功和挫折的主客观原因，这里就有个自我批评、自我激励的能力问题。如果企业负责人没有这种能力，这个企业就会停滞或走入邪路。如果学生没有培养起这种能力，他的道德行为就不能从他律到自律，学习上就培养不起自学能力，进入社会也成不了开拓型人才。据广州市一位心理学教师调查，当前中学里即使是优秀的学生，其自省自信的能力，也是较弱的。学校应当重视对学生自我批评自我激励的素质的培养。

适应发展社会主义商品经济的要求，改革学校思想教育的方法，培养开拓型学生的思想素质，是长期的、艰巨的、细致的工作。学校过去习惯的一套传经布道式、"运动"式，划定专门时间进行教育，以及把思想教育工作全部推给班主任团干部等的做法是不行的。虽然近年有所改进，但还未完全改变过去那套模式。改革势在必行。如何改革？在总体措施上，笔者提倡六句话：全面规划，整体参加，循序渐进，潜移默化，突出教学途径，又有专门活动。总之，要有领导有组织认真地进行探索工作。

（原载《光明日报》，1985 年 5 月 24 日第 3 版）

思路与对策

——关于商品经济与学校德育的思考

商品经济对学校德育有什么影响，如何加强相应的德育工作，在我国当前是个热门话题。那么，学校如何在发展有计划商品经济中加强德育？本文拟从如下几个方面谈谈看法。

（一）对发展商品经济过程中几个带有普遍性的观念（认识、态度）问题，要强化其积极面，引导其消极面

比如学生的自我价值观念、开拓进取心态、民主独立思想、多彩生活以及对金钱意义的认识等，笔者认为就是发展商品经济过程中比较有代表性的问题，就要有针对性地给以强化和引导。如对待学生的自我价值观，一方面要创造条件使其在班、在校、在社会中有显示才华的机会，使之对前途充满信心；另一方面又要引导他们把自我意识同社会意识结合起来，使他们认识提高自己的价值，不要醉心于使自己"鹤立鸡群"，也不要盲目赶时髦。要知道在商品经济社会中要求得到自我发展，有一条规律必须遵守，就是要有正确的市场预测，用社会学语言来说，就是要懂社会发展规律，要在社会观上有远见卓识。作为个人修养则必须具有正确的社会理想。离开这个立足点就不可能使自己成为有为的青少年，即使"得志"于一时，也难免失败于最后，不把自己汇进社会的洪流，靠孤立的个人奋斗，就正如拔着自己的头发蹦跳一样，是永远不能升高的。

又如对待学生的开拓进取心态，一方面要充分肯定其力求在社会中取得承认的努力，也尽力把他们在学习中的创造性成果介绍给众人认识，进一步激发他们的进取心；另一方面则要想方设法引起他们对社会主义建设中出现的问题的关心和兴趣，介绍一些同龄人在这方面取得成功的事例，把他们的开拓精神引到社会所需要的方面来。对于认为读书无用和挤独木桥的现象，则要多引导他们作社会实际观察，看看今天我国取得成功的企业家，看看商品经济发达国家的青少年是怎样对待文化科学知识的，他们的思路是如何广阔，使同学们从闭塞中打开视野，提高认识水平。

对待民主独立思想，多彩生活要求，金钱意义认识等的积极面与消极面也要做诸如此类的强化和引导。

（二）培养学生健全的商品经济意识

在这个问题上学校要打主动仗，要面对现实，改变"不屑言商"的思想。当前学生对于"经商"的认识，片面性很大，旧社会个体商品经济的经营观念通过种种渠道缠绕着他们，因此培养他们全面的商品经济意识具有现实意义。从现在看，培养学生全面的商品经济意识有如下几方面是比较重要的：

1. 获取利润与高尚情操相结合

发展商品经济当然要有利益观、效益观，要有竞争精神和创业精神，但这种观念和精神必须有个前提，就是要同建设社会主义精神文明相适应，为此，笔者认为要把它完整化，使之成为下述几方面的态度和精神：第一，个人利益、集体利益、国家利益相结合的利益观；第二，经济效益、社会效益、环境效益相结合的效益观；第三，同职业道德、法纪要求相一致的竞争精神；第四，诚实劳动，艰苦创业的精神。这些态度和精神的建立，关键在于要有正确的金钱观念。我们要以"义利"统一观去教育学生。"义"从大的方面说是建设四化、振兴中华，是国家利益；从小的范围说是"左邻、右舍"的友谊合作。"利"是个人、家庭、小集体的致富和发展。这两者本来是一致的，讲义不言利，讲利不言义都是片面的，最终将导致生产力的破坏。我们必须使"义利"统一观渗入到学生的人生观、道德品质和个性心理素质中去。

2. 从事商品经济经营与掌握较高的文化相结合

要使学生懂得从事商品经济活动不是粗通文化、会签订生产贸易合同就行的，现代化的商品生产要处理很多矛盾，如企业内部的人际协调、市场信息的获取与筛选分析、工厂生产与环境净化、外向型经济两头在外中间环节的优化、顾客利益与企业利益的统一、企业之间的竞争协作的辩证处理等，都要求有深刻的理论思维，丰富的科学知识。无心向学的人，迷信命运鬼神的人，不关心社会发展趋势的人，靠欺骗顾客、靠钻市场经济政策漏洞谋取利益的人，不但不可能成为企业家，而且也不可能成为合格的经营者。

3. 考虑商品经营与加强法制观念相结合

有计划的商品经济是在克服个体商品经济、资本主义商品经济等消极因素过程中不断完善、不断发展的。面对顽固的习惯势力，必须加强法制观念，做到令行禁止，不搞非法经营，如果破坏了法纪，社会主义商品经济新秩序是建立不起来的。

（三）让学生在建立社会主义商品经济新秩序中受到教育

学校德育的一个重要任务，就是引导学生进入社会，学校教育绝不能关门进行，德育尤其如此。我国发展有计划商品经济由于经验不足，制度不完善，各种腐朽势力、落后意识乘虚而入，弄得人们良莠不分，学生也不免困惑，以致把一些错误的现象当作是发展商品经济带来的新东西，以为现存的一些腐败现象，是社会主义所容许的事物。解除这种困惑，靠抽象说理不行，必须使他们有具体形象的认识。

我国当前正大力进行经济环境的整治，惩治政府工作人员中贪污受贿、勒索、以权谋私等腐败行为；整顿各种公司；惩治各种经济犯罪以及盗窃、诈骗、卖淫、赌博等丑恶活动。与此同时建立各种规章制度，堵塞各种漏洞，为改革开放，进一步发展商品经济扫清道路。学校要利用这个过程中社会提供的正面、反面材料，提高学生的认识，还可以组织学生参加一些有关活动，如旁听一些审判会等，使他们从中受到教育。

（四）把学校德育纳入整个社会大系统，形成学校德育的新格局

学校德育从来都不是学校内部能完成的任务。改革开放，发展社会主义商品经济，提出了许多问题，更需要我们把学校德育纳入社会的大系统中去加以研究。学生的思想是社会思想的反映，只有从宏观的角度才能看清微观的问题，切忌"头痛医头，脚痛医脚"。德育如何纳入社会大系统，如何形成德育的新格局？

1. 要了解时代特点、时代精神，以时代精神教育学生，改变过去德育脱离时代的旧格局

商品经济越发展，学生的视野将越开阔。学校就要因势利导使学生对时代的趋势有清楚的认识，从而立志高远，自觉克服不正确的思想。过去许多学校的德育只就教学或升学抓德育，或为防范学生犯法抓德育，或为应付政治任务抓德育，这种状况必须改变过来，要形成适应时代要求的德育新格局，为此，就要了解时代特点和时代精神。

我们的时代有些什么特点？我们的时代是改革开放的时代，不是封闭保守的

时代；是有计划的商品经济时代，不是产品经济时代；是加强公有制基础，实现共同富裕的时代，不是恢复私有制形成两极分化的时代；是社会主义民主政治的建设和政治与经济相结合的时代，不是政治、经济相互脱节的时代；是提倡并强化精神文明的时代，不是鼓励愚昧落后的时代；是先进落后并存，先进因素不断战胜落后因素的时代。我们的时代精神，是建设四化振兴中华的精神，改革的精神，艰苦奋斗的精神，这种精神是建设有中国特色的社会主义的需要，也是适应社会发展的思想基础。

2. 优化社会环境，优化校园环境，形成教育合力，改变过去学校德育只由学校抓的旧格局

商品经济活动的横向联系甚广，为了适应这一特点，今天的德育，必须形成综合治理的力量，各级地方政府领导部门要出面组织学校和各方面研究影响青少年的各种渠道，成立教育组织，提出各方面优化环境的措施（如优化文化市场、旅游环境；企业、部队、商业、农村、交通等部门要提供教育实践的方便）。

学校要重视陶冶教育，要形成良好校风，但校风只限于学风，对于培养一代新人是远远不够的，还要树立一种以社会理想为核心的奋发精神、献身精神。在校内，德育力量也要扭转过去只由班主任等少数人形成的旧局面，全校教师都要围绕德育大纲要求形成教育合力。

3. 提高学生自我教育、自我保护能力，改变过去学生在思想教育过程中处于被动地位的旧格局

在德育中要使学生成为教育的主人，而不是接受某种观点的容器。商品经济活动必然带来民主意识的强化，教师在德育中的主导作用要发挥在对学生自主、自立精神的培养和自身教育能力的提高上。为此，要在学生中，特别是高年级学生中开展各种活动，如师生对话，通过这些活动，提高学生识别是非和美丑的能力，使他们在复杂的环境中，排除干扰跟上潮流。

中学生年龄小、经验少、知识薄，实践活动最能入脑入心，激发感情。最近，一些地方组织中学生举办美化净化家乡环境的夏令营，对本地发展商品经济过程中造成的环境污染进行调查，使学生们认识到职业道德的重要，鄙视那些只考虑自己赚钱，不管他人和国家利益的经营行为。

提高学生的自我教育、自我保护能力还要教会学生知法用法。在社会主义商品经济新秩序还未很好建立的情况下，学会用法律保护自己、发展自己更有现实的意义。当前，社会上一些害群之马，对中小学生进行欺诈勒索，或强迫他们去做坏事，对此社会固然要管，学生也应学会使用法律保护自己。

（原载《教育研究》1989 年第 10 期）

社会主义有计划的商品经济教育

一、 要重视在发展有计划商品经济条件下的德育工作

我国的社会主义经济，是在公有制基础上的有计划的商品经济，这是党的十二届三中全会明确提出的。这一决策，在江泽民同志庆祝中华人民共和国成立四十周年的讲话中再一次得到重申。重申这一观点很有必要，它将再一次提醒人们要记住我国的商品经济的性质，防止两种偏向：一种是由于看到发展有计划的商品经济过程中出现的消极现象就产生对发展有计划的商品经济的怀疑，忘记了商品经济的发展，是社会经济发展不可逾越的历史阶段，忘记了开放改革离开了发展有计划的商品经济就将成为空话；另一种是只看到发展商品经济的必要性，忘记了我国商品经济的性质，忽视了它是在公有制基础上的有计划的商品经济，把资本主义商品经济那套模式和思想搬用过来，从而把我国商品经济的发展引上邪路。对于后一种偏向，当前看来更应引起注意。因为一段时间以来，我们放松了对国外反动势力对我国搞和平演变的战略的警惕，又低估了旧社会搞资本主义商品经营的潜在影响，加之对资产阶级自由化思想批判不力，没有一贯，导致了非社会主义商品经济因素对发展有计划

商品经济的严重干扰，从而对社会主义精神文明建设产生了破坏作用，并且越来越突出，在社会上，在学生中诱发了种种消极思想。在发展有计划的商品经济过程中，一些本来可能是好的思想，在部分学生身上也产生了不好的转化，如价值观从有我变成唯我；经济意识从效率观念变成一切向钱看；社会意识从弘扬主体精神变成了脱离社会要求的自我设计；民主意识从参与要求变成了绝对民主；竞争精神变成了以邻为壑；生活多彩变成了热衷于玩乐的资产阶级生活方式；等等。在这种情况下，当前在发展有计划的商品经济中对学生的思想引导，提高他们的思想道德水平，虽然也还有克服产品经济弊端所形成的不好的思想的一面，但更重要的是克服非社会主义商品经济干扰有计划商品经济以及与之同时产生的各种腐朽的不健康的思想所造成的影响。

二、 研究当前我国商品经济的特点、相应社会意识及其对学生的影响

要在发展有计划的商品经济中提高学生的思想道德水平，首先要对我国当前商品经济的种种特点及其可能产生的社会意识作一些剖析，并研究它对学生产生了什么影响。

有计划的商品经济是一个复杂的实体，它的构成包含三个部分：一是前提——以公有制为基础；二是制控机制——计划经济；三是商品经济本身的特点，包括商品经济的一般特点和各种成分商品经济的个性特点。

1. 以公有制为基础

加强并发展公有经济，是使我国经济沿着社会主义道路发展的保证，必须稳稳把紧，决不容许有损害公有经济的商品活动。有的商品经营者以挖社会主义公有制墙脚（如偷税漏税、倒买倒卖等）为致富之道，这是不法行为。过去这方面抓得不力，国营企业得不到优先发展，而小集体企业以至非社会主义性质的企业和个体经济，则不少人非法发大财，倒置了国家、集体、个人的位置，使劳动致富、共同富裕、合法经营思想逐渐淡忘，而"两种制度趋同论"的思想就得以借机泛起，结果大大助长了社会不正之风，在青少年中产生了很不好的思想影响。

2. 制控机制

"有计划的"，这是社会主义商品经济的重要特征。开放改革，搞活经济，发展经济，发挥市场的调节作用是必要的，过去那种统得过多过死的现象必须改革。但市场调节只限于一定的范围。社会主义商品经济并不完全受价值规律的支

配，在这里还有国民经济有计划按比例发展的规律起作用，后者是社会主义商品经济的本质特征。前一段时间由于过分强调了市场调节的作用，过分扩大了市场调节的范围，结果出现了生产和分配上的失控状态，冲击了国民经济有计划按比例发展。宏观上的失控，使公有制为主体的经济也受到弱化。全民经商、官倒、私倒，国营经济企业和集体经济企业也出现了非社会主义性质的经营，社会分配不公等现象到处可见等等，败坏了社会的风气。使一部分人对社会前途产生了困惑，而这种困惑也波及青少年，直至削弱他们的远大理想。所以，不要小视这"有计划的"四个字，这是一个给社会主义商品经济定性的战略性定语。

3. **商品经济本身的特点**

这是最复杂的部分。凡是商品经济，不管它是哪种社会形态下的，都有它的一些共同特点，比如：买卖各为独立一方；通过市场交换，实现产品的价值和取得对方的产品；等价交换；市场竞争；等等。相应这些共同特点，也产生一些共同意识，比如：自立、自主、民主、自由、平等观念，金钱计较，竞争意识，开拓精神等。这些共同特点和共同意识，并不是独立存在的，它总要和参与经济活动的各种经济成分的特点结合，从而使这些共同特点和共同意识起了相应的变化。比如个体商品经济，它的市场竞争、金钱计较多少带有急功近利的特点，它的自立、自主、民主、自由意识，总受它那视野狭窄、政治淡漠的局限；它的开拓精神，少不了受它那不欣赏高层文化，不愿对现实作更高的超越的思想的影响。

又比如现代资本主义商品经济，它的市场竞争总是同重视科学技术，重视政治行情结合；同效率观念、扩张意识结合；它的独立性则常同无政府主义思想在一起；它的民主自由思想往往同政治竞争、同享乐主义不可分开，宣扬所谓的"绝对民主""性解放"等，就是在这样的基础上产生的。我国现阶段有计划的商品经济，有多种经济成分参加，有国营企业、集体企业，有个体工商业，还有私营企业和"三资"企业。当然，它们都是在有计划的宏观控制下进行商品经济活动，但在实践中总会按照各自的特点去对待公有制和计划控制。个体企业、私营企业（我国目前的私营企业，实质上是个体企业的扩大）、"三资"企业（它的个性特点接近现代资本主义经济），总会或多或少地以它的个性特点去干扰国家的计划控制，冲击公有制基础。它们的这些干扰、冲击活动，在开放形势下会受到国际资本主义意识形态的支持。

由于有计划的商品经济是这样的复杂的实体，它在社会上也导致复杂的社会意识，既有人激发起对外竞争、振兴中华的精神，也有人滋生了以邻为壑、你死我活的念头；既使一些人强化了主体意识，同时重视辩证处理个人与社会的关系，又使一些人膨胀了个人主义思想，削弱了集体主义精神；既使一些人培养了多种兴趣爱好，又使一些人沉溺于资产阶级生活方式；既使一些人重视知识，努力成才，也使一些人目光短浅，只顾赚钱；一些人努力塑造自己成为新型的社会主义企业家，一些人则向国外资产阶级形象看齐；一些公务人员培养了廉洁奉公的精神，一些公务人员贪污腐化；等等。在这种情境下，既有许多人能贯彻党的基本路线，也有一些人对四项基本原则淡忘，或对改革开放产生怀疑。

社会上的复杂意识自然会通过种种渠道对学生产生影响。据调查，这个影响主要在四个方面，每个方面都有积极的和消极的表现。

其一是价值观念。不少学生由于主体意识的发展，自我价值观念有所增强，从而学习知识技能，充实自己，显示才干，以期将来在社会中发挥较大作用的思想也相应产生。但也有部分学生滋长了金钱价值观，自我价值同金钱价值结合，萌发了拜金主义思想。在此基础上，有人胸无大志，无心向学，忽视知识，不关心社会，有人则实惠第一，主观为自我，客观为别人，也有人则萌发了享乐主义的人生观。

其二是竞争意识。社会上的竞争活动，也促进了学生的竞争精神。这种精神不少学生体现在学习上力求出人头地，高中毕业班的学生特别是职业高中的学生则力求在进入社会时取得惬意的位置。他们中不少人也懂得了审时度势，比如到底去升学深造，还是弃仕从商。学生的竞争精神有的同振兴中华结合（如一些学生决心在国际科技竞争中显身手），并同时具有协作精神（如与同学共同进步），有的则抬高自己，压倒别人（如有意让同学做错作业）；有的意志顽强，失败了再来一次，有的则意志脆弱，遇到挫折则悲观颓丧，甚至轻生；有的能适时应变（如"曲线"升大学），有的则走死一条路（如几次高考落选仍补习升大学）。

其三是民主思想。商品经济所促进的主体意识、平等交往思想，在学生中很快得到了反响。许多学生主人翁态度有所增强，他们关心学校的改革，乐于提出建议，并有参与改革的要求。有的学生还比较关心社会大事，对腐败现象的存在表示不满。许多学生寻求老师和家长对他们的尊重和理解，希望以平等地位同他们商讨问题，不要过多干预他们的人际交往和处事。但不少学生也受社会上存在的绝对民主、自由思想的影响，不重视集中，不喜欢纪律，有人还有摆脱师长指导的倾向，少数人则盲目崇拜西方的民主。

其四是生活要求。社会上人际交往多了，交往场合也讲究了，兴趣爱好也广泛了，这些都对学生产生直接而迅速的影响。多数学生都希望生活过得丰富多彩。他们喜欢聚会，热衷文艺，爱好旅游，与此同时也讲究吃穿了。生活要求的丰富多彩，有利也有弊。促进纳取信息，发展个性特长，这是好的，而滋生了不当的消费观念，抛弃了艰苦奋斗精神，甚至出现早恋和玩乐丧志，这却是有害的一面了。

三、 适应发展有计划商品经济的要求， 加强学校德育

在发展有计划商品经济条件下，要做好德育工作，任务是十分艰巨的，也不是学校本身能够全部解决，要整个社会来承担责任。比如政府要廉政，经济领域要整顿治理，还有各个部门对学校德育要齐抓共管等。这里只从学校教育的角度，提几点意见。

（一） 学校要注意在发展有计划商品经济的过程中可能出现资本主义与社会主义在意识形态上争夺青少年的斗争、和平演变和反和平演变的斗争

对这过程中出现的错误思想和错误行为，要狠下决心，用大力气把它扭转过来。当然，我们也不能把一些一般的认识问题、鸡毛蒜皮的问题也提到原则高度去看待。这里所指的是一些大是大非的问题，如极端个人主义的价值观，见利忘义、一切向钱看的人生态度等，这些都是和我们制度针锋相对的问题。应看到这是社会主义商品经济与资本主义商品经济的斗争。

曾有一段时间，报刊上出现过不要凡事都先问姓"社"、姓"资"的观点，这种宣传出现了片面性，造成了可以不分姓"社"、姓"资"的印象。实践证明，社会上姓"社"、姓"资"的现象不但确实存在，而且在某种条件下还会有激烈的斗争。因此，在发展社会主义商品经济条件下，阶级斗争这根弦不能扔掉。当然，我们并不主张乱扣姓"社"、姓"资"的帽子，即使姓"资"存在，我们也还要区分人民内部与敌我的界线，我们只是说要注意用姓"社"、姓"资"的观点看问题，只有这样，我们才不致迷失方向。

（二） 要对在发展商品经济过程中几个带有普遍性的问题，强化其积极面，克服其消极面

如上文所说的在发展商品经济过程中学生受影响的四个方面，就带有一定的普遍性，其中既有积极的思想，也有消极的思想，学校就要有针对性地给以强化或给以引导。例如对待学生自我价值观的增强，一方面要创造条件使他在班、在校、在社会有显示才华的机会，使他们对前途充满信心；另一方面又要引导他们把自我意识同社会意识结合起来。有个中学在课外活动中搞小记者活动，这些小记者相当活跃，到处采访新闻。一次他们采访到了在广州集训而别的正式记者都不让采访的中国女排主要运动员，这些小记者十分高兴，以为自己有能耐，自我能力高强。指导老师就针对他们这个思想去做思想工作，一方面肯定他们肯动脑筋，取得采访成功；另一方面又告诉他们，这次能够进入训练基地，而那些著名

运动员又出来接受采访，主要并不是他们有什么能耐，而是训练基地的同志及女排运动员把这次接见看作是培养祖国建设事业的新一代的任务，于是，她们在紧张的集训中也挤出时间去会见他们。指导老师最后给他们指出：在我们的社会里，个人的作用只有汇进集体的洪流中才能发挥。这样一点拨，学生的自我价值观念就得到比较全面的认识。学校要使学生认识到，一个人的自我发展，有一条规律必须遵守，就是要懂得社会发展规律，要在社会观上有远见卓识。要做到这一点，不能靠随波逐流，要靠学习马克思主义。有人以为今天许多人都是拜金主义的，都是主观为自我，客观为别人的。不错，现实生活中确实大量存在这样的人，但不能认为凡是现实的都是合理的，现实中只有符合社会发展趋势的才是合理的，有前途的。拜金主义同我们的制度格格不入，为我同利他常有矛盾之时，只有个个都坚持我为人人，才能真正做到人人为我。

又如对待学生的竞争意识，也要做两方面思想工作：一方面要充分肯定他们赶超别人并力图在社会上取得承认的努力，也尽可能把他们在学习中的创造性成果介绍给众人认识，进一步激发他们的进取心；另一方面要以集体主义精神引导他们竞争，使他们认识到在我们社会里无论从竞争的目的或竞争的成效看都必须体现协作精神，不要把资本主义商品经济的竞争态度运用到我们社会里。此外，还要想方设法引起学生对社会主义建设中遇到的问题和困难的关心和兴趣，把他们的竞争精神、开拓意识引向社会所需要的方面来。对于一些在竞争中意志薄弱和不能适时应变的学生，要引导他们正确对待挫折和困难，要懂得无论学习或工作，都是在同困难作斗争中度过和取得发展的，困难、挫折只有大小之分，不存在有无之别；在商品经济社会里，困难或挫折出现的频率可能会迅速些，所以必须做好精神准备，作多种考虑，从坏处准备，从好处争取，知己知彼，扬长避短。要把克服困难、挫折作为一种适应社会生活的锻炼，勇敢地去经风雨见世面，促进自己的成长。对待学生在民主思想和生活要求方面的积极面与消极面，也要作诸如此类的强化和引导。

（三）要培养学生健全的商品经济意识

已有专文论述，略。

（四）在几个根本性的教育内容上下功夫

在发展有计划的商品经济的条件下，高尚思想品德的培养不能仅限于针对性的教育内容，还必须从根本观念的教育上下功夫，为此要抓好以下几个方面的教育：

1. 爱国主义教育

资本主义国家同我们做生意，给予经济上、技术上的支持，是从他们的利益出发的。他们考虑的是如何有利于他们的政治影响和经济发展，决不会是为了支持我们建设一个富强的社会主义国家。同时，在对外开放情况下，和平演变和反和平演变的斗争在或明或暗地不断进行，资产阶级自由化与反资产阶级自由化的斗争就是这场斗争的重要体现。发展有计划商品经济中的计划控制与反计划控制，加强公有制基础与削弱公有制基础，从其最终根源看都是与此相关联的。为此，学校必须从爱国、爱社会主义的高度引导学生认识健全商品经济意识培养的意义。学生如果对祖国有深厚的感情，他就能自觉抵制不利于社会主义建设的干扰，抵制商品经济带来的金钱诱惑，使他们能在复杂的情况下作出比较正确的抉择。

2. 集体主义、社会主义教育

商品经济对个人思想产生影响的一个最大的矛盾就是公与私的矛盾、个人与社会的矛盾。我国由于历史的原因，个人的观念、小私有的观点很突出，要树立"公"字观念还需要花大力气。为此，必须加强集体主义、社会主义的教育，帮助学生树立集体主义的价值观和共产主义的社会观。在商品经济活动中，很容易产生一种错觉，就是以为事业的成功似乎是一靠个人才能，二靠个人命运，这完全是误会，把资本主义的市场竞争、价值规律起作用造成的印象，误以为是普遍规律了。要使学生懂得，事业的成功，当然要靠个人的才能，但只有个人才能事业不一定成功，还得看个人才能是否同时代合拍，是否和社会发展趋势一致，而且个人才能的获得与发展也是在群体的相互作用中取得的。在我们国家，今天更是我为人人、人人为我的社会，只有在集体里个人的才能才可以充分发挥，只有在共同富裕中个人的富裕才有可靠的保证。社会主义社会给了我们一条康庄大道，在这里命运不是在冥冥之中，而是可以自觉地把握的。

3. 艰苦奋斗、自力更生教育

艰苦奋斗并不是提倡过穷日子；自力更生并不是主张不依靠集体，也不是拒绝外援，这是相对于贪图安逸、依赖别人、没有骨气而言的。这既是一种行动体现，也是一种精神状态。在发展商品经济的条件下，尤其是在多种经济成分并存的情况下，没有这种精神就很难接受劳动致富的观念，很难树立对外竞争、振兴中华的思想，相反，却很容易沾染上生活上互相攀比、经营上投机倒把，待人处事一切向钱看的恶习，并易导致对外卑躬屈节的行为。因此，学校要把培养学生艰苦奋斗、自力更生的教育提到原则高度去认识。要通过劳动实践、学习实践、生活实践去锻炼这种精神。要教育学生在顺境中想到逆境，生活富裕了要想到全国未解决温饱的人民。要有针对性对诸如不当的消费行为、浪费行为、轻视劳动、怕苦怕累、民族自卑感进行生动的细微的教育。

4. 革命传统教育

对革命传统曾有一段时间少讲了或不讲了，甚至成为极少数青年的讥笑对象。一些学生用"80年代青年的"、用"代沟"把革命传统教育顶了回去，好像20世纪80年代和改革开放的今天一切都得从头来似的。这是一种非常危险的意识。继往开来，这是人类社会历史发展的客观规律。作为革命的传统那是指今天仍有现实意义的内容。比如为探索真理而不惜献身的精神，密切联系群众、全心全意为人民服务的精神，艰苦奋斗、自力更生的精神，大公无私、公而忘私的精神，批评与自我批评的作风，等等，这些都是应予继承和发扬的优良革命传统，也是发展有计划商品经济过程中需要而且应该继承的传统。只有这些优良的传统才能使我们抵御一切向钱看的思想的侵蚀，才能保证民主、独立思想不致脱离集体主义的轨道。这是无论20世纪80年代、20世纪90年代，以至21世纪的青年都应该继承的。

（五）让学生在建立社会主义商品经济新秩序中受到教育

学校德育的一个重要任务，就是引导学生进入社会，学校教育绝不能关门进行，德育尤其如此。我国发展有计划商品经济由于经验不足，制度不完善，各种腐朽势力、落后意识乘虚而入，弄得人们良莠不分，学生也不免困惑，以致把一些错误的现象当作是发展商品经济带来的新东西，以为现存的一些腐败现象，是社会主义所容许的事物。解除这种困惑，靠抽象说理不行，必须使他们有具体形象的认识。我国当前正大力进行经济环境的整治，惩治政府工作人员中贪污受贿、勒索、以权谋私等腐败行为；整顿各种公司；惩治各种经济犯罪以及盗窃、诈骗、卖淫、赌博等丑恶活动。与此同时，建立各种规章制度，堵塞各种漏洞，为改革开放，进一步发展商品经济扫清道路。学校要利用这个过程中社会提供的正面、反面材料，提高学生的认识，还可以组织学生参加一些有关活动，如旁听一些审判会等，使他们从中受到教育。

（原载《新时期德育的认识与实践》，广东教育出版社，1990年）

在中西文化交流选择中
加强学校德育

150 年前的鸦片战争，撞开了中国的门户，也大量涌进了西方的文化，在中西文化交流、选择中，如何加强学校德育，今天必须自觉提上教育的日程。本文所讲的文化是指狭义的文化，即精神文化。本文的立意是拟以中西文化交流、选择为背景，以加强学校德育为落脚点，谈两点肤浅的认识。

一、 指导学生吸取文化选择的历史经验， 建立全面的文化选择观

经历了近三十年闭关锁国和十年"文化大革命"后，当党的十一届三中全会作出了改革开放的决策，我们打开了窗口时，面对五光十色的世界，国人一时眼花缭乱，视野是扩大了，自我意识是增强了，但祖国的观念、政治的界线却模糊了。要提高学生的社会主义觉悟，必须大力作文化选择的引导，其中一项对策就是引导学生建立全面的文化选择观。

这里，历史的经验是有说服力的，中国近现代史上对待中西文化有过几次大的选择。

第一次是 19 世纪 40 年代到 80 年代的选择，由于两次鸦片战争的失败，在当时士大夫阶层中，兴起了经世致用的思潮。这期间出现了两代经世派，第一代经世派，以林则徐、魏源等为代表；第二代经世派以曾国藩、李鸿章、左宗棠等为代表。两代经世派的指导思想不同，但他们学习西方文化，都是集中在科技文化上。在中国传统的封建制度文化、价值观念、思维方式等等俱不触动的情况下，学习西方一点科学技术，这一次文化选择，自然不可能促使中国富强，相反，社会危机进一步加深。

第二次中西文化选择是维新运动。推动这次选择的代表人物是康有为、梁启超和严复等。这次文化选择有三个特点：其一是，从对封建传统文化产生怀疑到作多方面的冲击。其二是，一切文化选择，都在保持皇权的基础上进行，由皇帝作出抉择。其三是，只看到资本主义文化优于封建文化的一面，没有看到资产阶级文化的痼疾。

第三次中西文化的选择是辛亥革命杰出的代表人物孙中山，这次文化选择的主要特点是：第一，确选了西方资产阶级民主共和的口号和形式去否定传统的文化，彻底取消了封建制度文化的皇权秩序；第二，引进西方资产阶级的政治文化和在这种文化影响下形成的世界观不能解决中国社会的根本问题（农民的土地问题），中国仍然没有摆脱封建政治文化、经济文化、伦理文化的传统束缚。

第四次中西文化选择是"五四"前夕新文化运动和"五四"运动。这次选择的代表人物是李大钊、陈独秀、鲁迅等。选择运动有如下几个重要特点：其一是，以打倒孔家店为口号，形成了反封建思想体系的强大运动；其二是，以科学、民主为旗帜，表达了中国旧民主主义文化革命最鲜明的理想和热望；其三是，同马克思主义和中国共产党领导的工农运动相结合，体现了反帝反封建的不妥协性，并建立起新民主主义的文化观和文化选择观，即后来在毛泽东同志的《新民主主义论》中所阐明的民族的、科学的、大众的文化观。

第五次中西文化选择是中华人民共和国成立后近十年开放改革的实践。中华人民共和国成立后，由于各种原因形成的闭关锁国，客观上不存在中西文化选择问题，真正出现文化选择问题是在开放改革以后，由于处在历史转折的时期（如本问题开端所说），这次选择出现了几种态度：第一种是，根据社会主义现代化的需要，对西方文化（包括诸方面文化）有分析有选择地拿来我用，排污不排外；第二种是，只要西方科技文化，不要意识形态上的文化；第三种是，对我国传统文化基本持否定态度，着眼于用西方现代文化建立我国的现代文化；第四种是，否定社会主义文化，主张全盘西化。四种选择态度第一种是正确的，已为国人首肯。

为了增强青少年学生在中西文化交流中的选择能力，回顾一下历史上几次中西文化选择，提出几点启示。

启示一，文化选择首先是先进社会制度的选择。社会制度是文化能否得到发展的根本，只有先进的社会制度才能发展政治文化、经济文化、知识文化、伦理文化和心理文化。19世纪两代经世派的选择失败，从思想根源来说，就在于他们不能或不敢接触这个问题，只从科技求强国，这是离本逐末。维新派虽接触到制度，但不敢动及没落社会制度的根本，即使不是顽固势力强大，像他这样去做也不可能发动起群众，实现系列维新的目的。辛亥革命瞄准了腐朽的社会制度，取得了打碎皇权秩序的胜利，但它没有解决先进社会制度的根本问题，结果革命也未能成功，只是换了一块招牌。"五四"运动的选择之所以不断走向胜利，就因为他不仅找到了当时世界最先进的社会制度的榜样——社会主义的苏联，而且找到了实现先进制度的纲领和依靠力量。同前几次中西文化选择相反，今天我们在开放改革中面临的中西文化选择，是在解决了先进社会制度的前提下，向落后的资本主义制度而现代工业又很发达的西方国家，学习它先进的科技和其他文化。这就需有一个明确的指导思想：不能开社会制度的倒车。

启示二，文化的选择是阶级的选择。文化选择是人的活动，作为社会（阶级社会）是阶级的活动。只有先进的阶级，其选择才能对社会的进步做出成效或产生积极影响。因为只有先进的阶级才可能看到社会未来的曙光，才不会落入头痛医头脚痛医脚的选择（如洋务运动）；才会按先进社会的要求去改造文化的各个方面（如维新运动及以后的文化选择）；越是先进的阶级越能不畏强暴，一往直前（如"五四"后的文化选择）。为此，在文化选择中依靠先进阶级，学习先进阶级的立场、观点、方法，是不可缺少的条件。

启示三，文化选择是指导理论的选择。理论指导是指明选择方向组织队伍，争取支持的必要措施，因此洋务派有"中学为体、西学为用"的理论，维新派有托古改制（如康有为的《孔子改制考》《新学伪经考》）的政见，辛亥革命有"三民主义"的主张，"五四运动"有马克思主义的指导，等等。越是先进的理论，越能正确处理中与外、传统与现代、资本主义与社会主义等重大文化关系问题，越能使选择少走弯路，越能组织群众，坚定人心。相反，亦然。"五四"以来的选择，虽然遇到障碍重重，但最后还是凯歌高奏，就因为有最先进的社会理论的指导。为此，今后在文化选择中对五花八门的思潮、纷纷攘攘的见解，必须分析其最终指导思想，看看它是否符合历史的行程，经得起历史的考验。

启示四，文化的选择是时代的选择，历史在发展，文化选择也处在前进的动态中，适应时代的特点，顺应时代前进的要求，从现实出发，从发展的需要考虑，是正确作文化选择必须遵循的原则。文化选择不能搞民族虚无主义、历史虚无主义。必须重视传统，吸取文化传统中的优秀成分，把传统文化等同为封建文化是不对的，但运用传统优秀文化也是为了发展现在，促进将来，吸取的传统文化要赋以时代精神，古为今用。

启示五，文化选择是辩证的选择。文化是复杂的现象，简单化地对待是不行的。要分清本质与现象、主流与支流；要看到统一体的两个方面，如是等等。思想方法的片面性是会使人走向两个极端的。维新时期的严复就是一例。在维新热火朝天的日子里，他把西方文化看得简直是天衣无缝，看不到西方的缺点、问题，而有的所谓优点也是缺乏根据的（如"西人以公治天下"）。

以上所得的五点启示，都是与全面文化选择观有关的问题。在中西文化选择中要加强学校德育，必须提高学生的理性认识，使之不全受情感兴趣所左右。

二、 在价值观等几个问题上提高学生文化选择的思想水平

关于文化的构成，有同志把它分为外在构成与内在构成两个方面。政治文化、经济文化、科学文化、伦理文化等为文化的外在构成；价值取向、道德规范、心理状态、思维方式等为文化的内在构成①。笔者同意这种意见。目前看来，文化的内在构成，对学校德育关系尤大，它涉及学生的深层意识，这里想从文化构成的内在方面，就学生在文化交流选择中当前的几个热点问题（着重价值观问题）讲点看法。

1. 价值观问题

这个问题是文化选择中热点中的热点，又是文化选择的核心，影响着其他文化选择，目前这个问题存在着传统文化（有称黄色文化）、西方文化（有称蓝色文化）、社会主义文化（有称红色文化）的交叉，传统文化价值观的重集体、重权威取向，重功名取向，重忠孝取向，重义气取向；西方文化价值观的重个性发展，自我实现取向，重金钱取向，重知识技术取向；社会主义文化价值观的社会主义爱国主义取向，重集体主义取向等都在影响着学生。据笔者所在的研究室林福兰同志，于 1983 年在广东三个大中城市和辽宁沈阳，对中学生进行的调查，提出了人生价值目标 14 种取向是：①和睦、美满幸福的家庭；②舒适富足的生活；③活跃的刺激的随心所欲的生活；④真才实学；⑤文明而富强的国家；⑥强壮无病的身体；⑦有真诚的友谊；⑧有较多的成就和贡献；⑨人人都能坚持正义

---

① 石鸥平. 文化与社会理想教育论略［D］. 广州：华南师范大学，1992.

和真理；⑩人人都互相尊重彼此关心；⑪有较高的权力和地位；⑫拥有使用不完的金钱；⑬民主自由的社会主义社会；⑭活跃有效的民主的集体。上述 14 项目标，要求学生按自己认为重要的程度，排个次序，结果如表1①。

表1　广东三个大中城市与辽宁省沈阳市中学生人生价值目标取向对比

地区	目标代号排列状况													
	①	②	③	④	⑤	⑥	⑦	⑧	⑨	⑩	⑪	⑫	⑬	⑭
广东	3	13	11	2	1	7	3	5	6	10	12	14	4	9
沈阳	10	11	13	2	1	5	3	6	7	8	12	14	4	9

对上述调查结果笔者作这样的分析：

（1）第⑤项和第⑬项指标两地中学生都排在取向的前列，共同都排第一和第四。这说明传统的重社会整体的价值仍被接受，而且同民主富强的社会主义社会结合起来，这同党和国家的要求是一致的。

（2）成才都摆在突出地位，说明学生普遍重视知识价值观，但为什么成才则大多数人不明确，两地都有40%多的人认为"搞政治不如搞商业"，② 说明知识价值观受发展商品经济的干扰。

（3）两地都把金钱价值摆在末位，说明社会上反对一切向钱看的教育收到了成效。

（4）权力地位和生活逸乐不是学生向往的主流，重义、重理、重合群的传统优点仍然影响学生的价值观。

（5）第⑬项指标虽然两地学生都摆得较前，但结合到其他材料分析，可能他们的注意力多放在"民主、自由"上，按照他们年少不经事的特点，他们很容易受西方民主、自由思潮的影响。

（6）从对第①项和第③项指标两地学生的排位看，开放地区个体价值取向强些，而内地城市则群体价值取向强些。这里各自有其优点与缺点，需作具体分析。

根据以上分析，如何作价值观引导？

（1）要认识学生的价值取向其实是理想的向往，反映出他们对现实生活中还未得到或认为还不完善希望改善的东西。为此，我们不能看到他们许多取向同党和国家的取向一致而沾沾自喜。在强化学生这方面取向的同时，要注意研究这

①② 林福兰. 开放城市中学生的价值观及理想教育研究 [J]. 华南师范大学学报（社会科学版），1990（3）：18－24.

方面存在的问题和学生可能存在的思想障碍，有针对性地进行教育。

（2）对西方近代形成的文化尤其是政治文化和心理文化（如重民主、自由、平等，重个性、重竞争等），要引导学生作一分为二的分析，从历史条件、阶级实质、个性与社会性的辩证关系等去消除他们认识上的片面性。

（3）个人发展或个性发展是近年青少年，特别是开放地区青少年比较趋向的问题，应重视引导。在这里，我们不要把个人发展或个性发展的价值取向同社会发展的价值取向对立起来，要善于把个人的价值取向同社会价值取向结合。个人的价值不应等同于我们经常批判的资产阶级个人主义。社会主义建设需要个人才智、潜力和特长的发挥，需要有个人的理想，我国心理学家林方同志就这个问题作了这样的论述："个人主义和人的价值是不同范畴的概念，两者有某些重叠，又有某些对立"；"它的理想发展和社会价值是一致的；极端的个人主义或自我中心主义则是一种反社会价值的消极倾向"。① 我们的教育工作就要发扬其中理想的一面，抑制消极的一面。青少年好表现自己，好争取认识，希望表现自己的潜力，实现自己的价值，这是当前各种竞赛活动所以深受欢迎和卡拉奥奇成为热衷活动的重要原因，为此应因势利导，引向培养社会主义社会要求的知识、观念和情趣。事实证明这是做得到的，卡拉奥奇点歌节目引向艺术性与思想性的统一就是证明，但过去这方面做得不够自觉，这是应该改进的。

（4）开展革命传统和优良民族文化传统教育。这无论是对激发学生社会主义热情，抵制资产阶级绝对民主自由思潮，引导学生把个人价值同社会主义社会价值结合或克服民族虚无主义和提高民族自尊心、自豪感，都是必要的，现在许多青少年学生，动不动就以"80年代的青少年"，蔑视传统文化，似乎黄色传统就是封建的，红色传统是束缚个人的，这是很大的片面性和幼稚性。黄色传统文化固有许多封建糟粕，但也有不少民族文明的精华。李瑞环同志在谈到我国优秀文化时指出"刻苦耐劳，酷爱自由，不畏强暴，英勇奋斗，从不屈服于外来压迫的民族精神，正是中华民族优秀文化的集中体现"。②

学者李宗桂同志把中国文化精神的核心概括为八点：自强不息，正道直行，贵和持中，民为邦本，平均平等，求是务实，豁达乐观，以道制欲③，并在论述时作了一分为二的分析。我们在引导学生正确对待传统文化时，就得抓住基本线索，辩证地提高认识。

---

① 林方. 我国现代价值观探讨 [J]. 中国社会科学，1989（3）：121－134.
② 李瑞环. 关于弘扬民族优秀文化的若干问题 [N]. 中国文化报，1990－01－14.
③ 李宗桂. 中国文化概论 [M]. 广州：中山大学出版社出版，1988.

对于吸取了我国传统文化和西方文化的精华，并在革命实践中形成的红色传统文化，我们更应结合革命胜利的事实，祖国发展的实际，阐明其眼光远大，规律性强，公字第一，共同富裕，实事求是，处事辩证等等特点，使学生信而认同，行不返顺。至于红色文化束缚个性之说这是中了西方宣传之毒，或是"文革"时期假共产主义造成的误解。应给学生指出，假共产主义否定个人发展是同《共产党宣言》有关个人自己发展的论述相悖的。当然，个人或个性的发展也不能衍发成个性中心，他应服从社会发展的规律，离开社会发展规律、离开社会主义，个性发展也将成空话。

（5）进行全面的正确的有计划商品经济意识教育。发展有计划商品经济，精神文明建设又抓得好，可以培养许多积极的思想素质，也可以锻炼健康的价值观，但如果这方面抓得不好，则会使拜金主义价值观、资产阶级自由平等观有发展的土壤。如何培养健全的有计划商品经济意识，笔者已有另文论述，这里从略。

2．思维方式问题

这个问题中国传统文化、西方近代文化和社会主义文化各有不同特点，中西比较一般认为：

中国传统的思维方式是以经验为基础的直观思维，有意会性和整体直觉性；西方思维则重实测，重分析。中西医的辩证的区别，这是这方面的典型例子。

中国思维中重价值判断，用准则去统率事实；西方思维则重事实判断，多据个人接触的实际和感受作为标准。

中国重形而上，追求理想；西方重形而下，关心技艺。

中国好思古；西方喜现在。

社会主义文化对思维方式的倡导则是实事求是；一分为二；立足现在，面向未来。

中小学生年纪小，思维方式还未定型，在宣传教育影响下可塑性很大。目前多出现的思维表现为：求异多于求同；横向多于纵向；务实多于理想；印象多于分析；重身感不重传统；消极、积极并存，中西影响同在。对策就是教师给之梳理，比较中西思维方式之优劣，积极进行唯物辩证法的引导，提高学生对思维方式选择的理性水平。

3．个性心理问题

这个问题中国传统与西方近代特点的比较是：中国重内省，西方重外求；中国多向义，西方家向利；中国好合群，西方讲自我；中国好中庸，西方好冒尖等等，也是各有优长短缺。

目前中小学生的心态是外求社会多，内省自己少；讲究实惠多，倾向义理少；为我竞争多，互相关心少。看来在这个问题上西方文化消极面的影响值得注意。

对策：一方面作知识引导。联系历史条件讲清西方近现代个性心理的产生发展及其趋势，我们应吸取它一些什么；对我国传统心理也要作一分为二的分析，对其积极因素应大胆肯定，对其消极东西也要明确摈弃。另一方面要加强社会实践，在实践中用群众的集体主义强音，用先进人物的心理状态影响学生的心理倾向。

4. 审美意识问题

这个问题传统文化重理性重体现社会精神，社会主义文化也重时代精神，而西方文化则较重形式，近年还出现以抽象为美，以颓废为美，以写下意识为美的倾向。开放改革以来，对美的认识比较混杂，文艺作品也有几类：一是表现社会主义思想的，二是情趣高尚的，三是无益无害的[①]，四是丑化社会主义的。所有几类不可避免会对学生产生影响。目前不少学生对美的欣赏多重精神刺激和重形式美，不会也不去考虑美的客观社会性问题。

对策：进行审美意识教育，开展审美评论，突出表现社会主义思想主旋律；对所谓中性的、无益无害的文学艺术，要严格审查，适当限制；要把美的社会性、艺术性同学生审美年龄、审美水平结合，因为一些对成人有教育意义的文艺，不一定对学生也有教育意义。此外在实际生活中，要引导学生在学习、在生活、在交往等等中体现时代美的精神，并宣传好的榜样或好的表现。

（原载《中国教育学刊》1990 年第 6 期）

---

① 敏泽，等. 谈社会主义文艺 [N]. 光明日报，1990 – 08 – 09.

现代化、现代人与传统文化教育

——兼及从日本学校传统文化教育中得到的启示

现代化必须培养现代人，这个结论今天已成为人们的共识。什么是现代人？他的特征如何？20世纪60年代开始，就为国际一些学者所探究，进入20世纪80年代对此谈论就更多。然而这些探究得出的结论，似乎多与传统文化无缘，似乎现代人可以不重视培养传统文化方面的素质，有的人甚至还认为现代人应与传统文化决裂。本文谨就这个问题，从育人的角度结合1990年赴日作学校德育和传统文化教育考察的体会，谈几点认识。

一、 现代化是个综合概念， 现代人应具全面素质

现代化必须培养现代人，这个结论是正确的。因为作为国家的现代化，它是一个综合性的概念，它既包含经济的现代化，也包含政治的现代化，还包含人的现代化。然而，人的现代化是很复杂的，他涉及人的心理状态、价值观念和行为方式等相应经济、政治等现代化的发展而不断地完善和改造。而这又同社会制度、历史传统等密切相关。只抓住现代化的某一两个侧面去设计现代人的素质，必将造成现代人形象的缺损而给现代化实践带来危害。

117

20世纪70年代，国外有人把现代人素质的特征概括为12点，这就是：①准备和乐于接受他未经历过的新的生活经验、新的思想观念、新的行为方式；②准备接受社会的改革和变化；③思路广阔，头脑开放，尊重并愿意考虑各方面的不同意见、看法；④注重现在与未来，守时惜时；⑤有强烈的个人效能感，对人和社会的能力充满信心，办事讲求效率；⑥办事前有计划性；⑦尊重知识、重视验证吸收新知、探索未知；⑧不信命运，信赖人类的理性力量和理性支配下的社会；⑨重视专门技术，有愿意根据技术水平高低来领取不同报酬的心理基础；⑩乐于让自己和他的后代选择离开传统所尊敬的职业，对教育内容和传统智慧敢于挑战；⑪相互了解，尊重和自尊；⑫了解生产过程。①

从行文看来，很清楚，这12点概括是侧重从新技术革命及商品经济发展的需求出发，并以传统为对立面，去作现代人设计的，这种立论显然有很大的片面性。

作为人，不管他是现代的、古代的，都有两个基本共同特点：其一，就其本质来说是社会关系的总和；其二，每个人都归属某个国家（原始社会除外）。就前者来说，人将受到多种关系的影响，包括阶级关系（在阶级社会）、民族关系、公私关系、人我关系、个群关系、行业关系、劳资关系、上下关系、长幼关系、亲缘关系、男女关系等等。就后者来说，人将要碰到民族认同态度、民族凝聚力认识，社会制度选择，国际关系思考等等问题。处理好上述关系和问题，将是各国实现现代化的必要条件。这就要求，各国的现代人需要培养起同上述关系、问题相适应的良好的全面素质，包括政治素质、思想素质、品德素质、个性心理素质。新技术革命、发展商品经济，是现代化的必要前提，也是现代人面临的挑战，现代人当然要重视这一挑战并培养起相应的良好素质。但这些素质同上述两个基本素质不是对立的、割裂的关系。而是协调、补充的关系。12点现代人素质，相应科学技术革命、发展商品经济的要求，虽然有其积极意义，但也有两个突出的不足：一是，以偏概全，以某些现代人的素质全称为现代人的全面素质，立论时没有考虑人的两个基本共同特点；二是，以传统人作为对立面，进而走向否定传统文化和传统文化教育。现代化与现代人理论的传播，曾引起一些急切希望本国现代化早日实现的人们，特别是发展中国家的青年人的关心，他们仿照、实践，虽然也促进了个别良好素质的形成，但宣传片面的现代人素质也带来了许多不良的后果。我国1984年和1985年对培养创造型、开拓型人才的宣传，

---

① 殷陆君. 人的现代化：心理·思想·态度·行为［M］. 成都：四川人民出版社，1985.

内中就包含了否定艰苦奋斗，否定传统文化的倾向，而且突出了个人价值，忽视了社会理想。结果造成思想意识与经济发展的不协调，并削弱了民族凝聚力，从而给现代化建设设置了障碍。造成这种情况同片面宣传现代人模式不无关系。这个教训，今后应该记取。

在这里，日本的经验值得我们借鉴。日本在 20 世纪七八十年代就很注意适应现代化进程，考虑人才素质问题，从他们对学生素质的要求看，他们并不照搬外国的经验而是结合本国的国情去提要求，而且考虑到社会的多种关系。1977年日本文部省颁布的道德课教学大纲小学 28 条，中学 16 条，内中就不仅涉及适应时代的个性素质，而且涉及人我、个群、公私、上下、亲缘、长幼、男女等关系，涉及对国家、对民族传统、对国际关系的态度①；1990 年修订颁布的中小学道德课教育大纲，对学生的思想道德素质要求更明确归纳为四种关系，即对自我主体修养的要求，自我与他人关系的要求，自我与自然关系的要求，自我与集体关系的要求②。从结构看，这样的思想道德素质的考虑是比较完整的。

面对现代化的发展和深入，对学生素质的要求要突出什么？日本也是注意到的。开拓时也有过偏于从新技术革命挑战去考虑的缺点，如 1981 年通过省根据企业的需要突出三点——创造性、自主性、广博性就是一例；其后可能有所觉察，有了很大改进。1984 年，前首相中会根提出面向 21 世纪教育改革五原则，其中的两条直接讲及人的素质，一条是"面向世界国际化原则"，认为日本要能够在 21 世纪的科学技术、文化艺术创造性发展中生存下去，全体国民都需要具有广阔的国际视野和足够的国际知识。另一个原则是"重视人格原则"，要求未来教育能使学生理解日本固有文化传统，掌握社会生活的道德规范，富有同情心和责任感。很清楚这时日本已从国际新技术革命与本国传统文化的结合上设计现代人才的素质了。实践证明，日本这样考虑是对头的，日本现代化的飞速发展，西方先进技术与日本传统优秀文化的有机结合起了重要作用。这方面下文还将述及，此间从略。

二、 优秀的传统文化能促进现代化造就现代人

提倡培养现代人最容易产生的片面性，就是把现代人与传统文化对立起来。有这样一种思想逻辑：现代人的对立面是传统人，传统人的形成是传统文化，所

---

① 参见日本《初等教育资料》《中等教育资料》1977 年 6 月增刊。

② 参见中国第十一次赴日教育考察团带回的资料。

以现代人要敢于向传统文化挑战，要摆脱传统文化的影响。这种思路其实是不科学的。

设立传统人这一概念并把它作为贬义词与现代人相对就不妥当。因为传统既有好的一面，也有不好的一面。那么传统人是指哪一面的人？如果是指前者，显然不合理，好的传统对现代化只会有好的作用，为什么要把它同现代人相对呢？如果是指后者，则是以偏概全，把它同现代人相对也是不合逻辑的。笔者认为，与现代人相对的，应是时代的落伍者，是抱守残缺，不愿改革的人。只有这样的人，才会不利于现代化。（顺便说说：即使这样的人，也是处在动态中的，一旦他已经改过，或基本改过，或愿意改过并体现于行动中，也不能把他放在现代人的对立面上。所以，虽然我们提倡人人都跟得上现代化的步伐，都具有现代人的素质，但不要轻易树现代人的对立面，只有这样，才有利团结大多数人去实现现代化。）

传统与现代并不是对立的，传统不仅仅是体现过去，它也曾经是前进的起点，而且它也是处在不断的改造发展中的。优秀传统的淀积与发扬，是今天实现现代化的精神支柱之一，是现代人必须具有的素质的一部分。当今世界任何现代化都是指某个国家的现代化；任何一个现代人都是某国的现代人。看各国的现代化不仅要看到其国际的共性，更要看到其国别的个性。各国的现代化都有各自不同的途径，有不同的民族特点，这里讲的民族，是从广义上说的，包括几个民族长期相处，休戚与共，不可分离的群体民族，如中华民族。美国的现代化，有其移民国家的特点，现代化是在地方分权条件下实现的；日本是君主立宪国，现代化是在民族统一、民族精神鼓舞下进行的；新加坡是华裔人口众多的国家，现代化是以儒家思想作精神纽带的……这些个性特点，其实就是该国的传统文化在其现代化中的体现。忽视了传统文化，就是忽视了该国现代化的文化心理基础，从而也将失去动员号召力量。

传统文化对现代化的重大意义，主要还在于它促进民族精神、民族凝聚力的形成。任何国家的现代化都需要全国人民的同心同德，群策群力。现代化的一个重要特征就是科技发展，科技发展的重要条件是集体合作。有人统计，诺贝尔奖设立后，第一个 25 年合作获奖者占 41%，第二个 25 年合作获奖者占 65%，第三个 25 年合作获奖者占 79%。这个统计多少也可证明科技越发展，现代化越深入，越要求联合攻关，要求集体力量。而一个国家的最大集体力量莫过于民族凝聚力的形成，民族凝聚力是一种内化了的、机能化了的、联结人们成一集体的纽带，他比用行政力量组成的集体要稳固得多，自觉得多。作为传统文化，它是良莠杂陈，但作为民族精神则是集中了传统文化的优秀成分，是经过了历史的筛选而凝聚起来的精神代表。民族凝聚力就是以民族精神为纽带，扭结起来的一种本民族的积极力量。

战后，日本的现代化发展，赶上了美国，一些方面甚至超过美国。使包括美国在内的一些政治家、经济学家为之瞠目，为之惊呼。究竟原因何在？就在于日本比美国在现代化中多了一个动力。美国实现现代化的动力是金钱，日本除金钱动力之外，还多了一个民族凝聚力。日本的民族精神是长期形成的，是美国虽知道但却学不到的。美国一些企业家很想学日本的企业管理方法，但最后只好无可奈何地撤销这个念头。就因看到日本的企业管理贯彻了传统的精神，这种精神是他们学不到的。

日本的民族精神是什么？说法不一，有的说是勤劳、归属感、武士道等①；有的说是"家族主义，归属感"；有的说是在明治天皇"五条警文"精神下化成的民族自强不息、奋发有为的内在文化心理；也有的说是"顽强斗争、发愤图强的革命传统和爱国主义精神"；等等。其实上述种种提法都是相互补充并不矛盾的。如果把它归纳一下，则可表述为：以振兴国家为目标的民族归属意识、顽强拼搏、勤劳、好学、自强不息、守纪律、讲服从的精神。有人称日本的民族精神为"和魂"。"和魂"过去在军国主义思想指导下，曾给世界带来灾难，也给日本造成悲剧。但今天它也为日本的现代化发挥了促进作用。日本人的民族归属感和为振兴国家而发愤学习、努力创新的精神，在日常生活和工作实践中也体现出来，他们上班穿西装，回家穿和服；他们学习外国经验的口号是"第一台设备引进，第二台国产，第三台出口"。可以毫不夸张地说，日本现代化的迅速发展，是"和魂"与世界先进技术融合创新的结果。

民族精神与民族凝聚力在现代化中的作用对亚洲东方文化国家更有特殊的积极意义。亚洲东方文化国家无论是发达国家的日本，或发展中国家的新加坡、中国、韩国等，在现代化和学习西方先进科技过程中都碰到两大矛盾，一是物质文明与精神文明不同步的矛盾，如重利轻义，重智轻德，人际关系以金钱划线；另一大矛盾是东方文化传统受到西方思想挑战的矛盾，如家庭民族、集体、权威、社会理想等观念受到个人主义的挑战。尽管不同制度的东方文化国家，对义、德、集体、权威、社会理想等的内涵理解不尽相同，但作为东方儒家文化形成的心理基础，这两大矛盾的存在是共同感觉到的。而这两大矛盾得不到解决，就会产生价值观念的冲突，就会出现文化心理的失衡，从而削弱了民族的凝聚力，使

---

① 新日本制钢铁株式会社能力开发部. 日本便览 [M]. 张龙，译. 北京：科学技术文献出版社，1989.

现代化进程难以顺利进行。解决矛盾的办法只有加强思想道德建设，弘扬传统优秀文化，并吸收西方思想中的某些合理成分。这既可以保持着民族的凝聚力，又能跟上时代潮流的进步思想。日本是这样做了，新加坡也是这样去做的。

日本学校德育改革，贯彻一条原则，就是"不易"和"流行"。所谓不易，据他们向我们考察团介绍，就是指保持百年不变的东西，如传统文化中的珍品；"流行"就是体现时代发展的内容。①

新加坡鉴于"近20年经济增长提高了新加坡人的生活水平，但同时也加强了人们对实利主义和个人主义的偏爱，特别是在没有经过艰难的建国初期的年青一代人中"尤其如此，于是新加坡的"领导者们希望通过道德说教和对他们文化传统的提醒，使新一代的新加坡年青人信服，儒家伦理不但在社会方面而且在经济和政治方面都对国家建设作出了贡献"。② 日本和新加坡现代化实践的体会，有力地证明了现代化离开了传统优秀文化是不行的，至少是不利的，这条经验我们应该好好借鉴。优秀传统文化、民族精神对于塑造现代人同样也是不可少的。现代人主要是个群体形象，是某国的现代人。每个人都可以根据现代化的要求发展自己，塑造自己，有自己的个性，有自己的风度，但他决不是个中性的人，他要发挥现代人的作用，必须在国家、民族的群体中。因此他必须具有本国、本民族实现现代化所要求的素质，包括优秀传统文化素质和民族精神。有了传统优秀文化素质和民族精神，他便会自觉承担民族振兴的责任，会更加努力学习，吸取时代的创造，充实自己，他的现代人形象将会更完满并显出特色；他的个性特长更易得到民族群体的认同，从而更能发挥积极作用。相反，一个醉心于搞民族虚无主义的人，背离民族精神的人，无论他如何标榜自己是现代人，也很难得到多数国人的接纳。

三、 加强传统文化教育， 弘扬民族精神， 塑造社会主义现代化的新一代

增强民族凝聚力是各国现代化共同面临的课题，我国也不例外。要增强民族凝聚力必须弘扬民族精神，而弘扬民族精神就得加强传统文化教育。日本是这么走成功了。新加坡正在这样走，也已取得了显著成绩。社会主义的我国将如何？

---

① 参见中国第十一次赴日教育考察团带回的资料。
② Tan Chwee Huat，《新加坡的经济起飞与儒家文化》（王永亮摘译自美国《国际社会经济学杂志》1989 年第 16 卷第 8 期）。

社会主义的发展并不是与世界文明割裂的，相反，她要吸取人类的优秀文化去充实自己，发展自己。列宁说："无产阶级文化应当是人类在资本主义社会、地主社会、官僚社会压迫下所创造出来的全部知识合乎规律的发展"，"只有了解人类创造的一切财富以丰富自己的头脑时，才能成为共产主义者"。① 对于我们自己的传统文化自然更应重视了。毛泽东同志说："从孔夫子到孙中山，我们应当给以总结，承继这一份珍贵遗产。这对于指导当前的伟大的运动，是有重要的帮助的。"②

民族精神既然是传统文化精华之所在，我国社会主义现代化当然要把它作为宝贵财富加以运用并弘扬于社会主义现代化中。这里讲的运用，当然是指古为今用，即要把它纳入我们的社会主义事业的指导思想中。

要弘扬我们的民族精神，首先必须知道我们的民族精神是什么。对此，也有各种归纳或认识，比如：

一种认为是"自强不息"，"厚德载物"。③

一种认为是理性精神，自由精神，求实精神，应变精神。④

一种认为是"尊祖宗、重人伦、崇道德、尚礼仪"。⑤

一种认为是自强不息，正道直利，贵和持中，民为邦本，平均平等，求是务实，豁达乐观，以道制欲。⑥

1990 年，李瑞环同志在谈到民族精神时，则这样说："刻苦耐劳，爱自由，不畏强暴，英勇奋斗，从不屈服于外来压迫的民族精神，正是中华民族优秀文化的集中体现"。⑦ 最近江泽民同志在助残先进代表座谈会上对民族精神则强调一点：自强不息是中华民族的宝贵财富，全党全国人民都要继承和发扬自强不息的民族精神。⑧

以上种种归纳或概括，虽各有不同，但都说明，我们的民族精神是反映一种积极的、奋进的人生态度。这种态度背后都隐含一种理性的追求。什么理性追求？各种归纳都没有说，因为这不是概括民族精神的任务，它是民族精神所指向的目标。但从以儒家思想为核心的中国传统文化去分析，这个理性追求，就笔者看来，就是历代志士仁人所追求的大同社会。中国近代的革命，无论是洪秀全或孙中山，都在为这样的社会而奋力斗争。可见，民族精神是同我们民族的社会理

---

① 参见列宁《青年团的任务》。

② 参见毛泽东《中国共产党在民族战争中的地位》。

③④⑤⑥ 李宗桂. 中国文化概论 [M]. 广州：中山大学出版社，1988.

⑦ 李瑞环. 关于弘扬民族优秀文化的若干问题 [N]. 中国文化报，1990 – 05 – 14.

⑧ 见《光明日报》1990 年 5 月 11 日。

想相联系的，是一种内在的、群体的、积极的民族向心力量。

由于民族精神有这样的积极的凝聚力，它对社会主义现代化当然是不可少的，在国外反动势力，对我们虎视眈眈，力图实现对我和平演变的条件下，弘扬民族精神更有现实意义。这一点连国外对社会主义制度策划和平演变的著名人物也有所认识。美国一位国际知名的人士，在其近年一本颇为人知的著作中说了如下意思的话：中国人对统一的热望既反映了中国人固有的民族意识，又反映出对过去的外来侵略耿耿于怀的心态。这种热望既强烈又真诚，在很大程度上来源于民族主义而不是共产主义。他说，共产主义与中国文化及民族传统逐渐融合，在很难阐明的价值观领域亦有其重要意义。在中国，多少个世纪以来，一种相当深奥的大众哲学曾起着十分重要的聚合作用，儒家思想原则已深深地扎根于人们的思想。在其他社会中，传统、习惯和价值观念都不那么清晰，不那么明确，在理论上也不那么系统化。他认为，如果中国把人们的传统价值观与现代文化观融为一体则可能会给中国带来一场真正的文化革命。这位国际知名人士在分析了包括上述所讲的各种条件后，认为社会主义中国目前还没有出现政治危机；并认为进入 21 世纪后中国可能仍由共产党领导。这里，这位知名人士希望我国共产主义意识形态弱化，出现什么"一场真正的文化革命"，改变了公有制度，这当然是他一厢情愿的幻想，我们只引为警惕就是了。但从他上述一些话中，我们也可以看到，民族向心力、凝聚力对于巩固我国社会主义制度的重要，看到中华民族五千年文明史形成的优秀民族传统文化，是我们建设社会主义，迈向共产主义的独特的优越条件。

为了弘扬我国的民族精神和优秀传统文化，必须对学生进行传统文化教育。由于历史的原因和片面追求升学率的影响，我们许多教师长期以来在学习、研究和讲授传统文化方面是做得很少的；社会上宣传传统文化也做得很不够。所以，青少年学生对传统优秀文化和民族精神不是缺乏了解就是印象不深。进行传统文化教育，无论对教师、对学生都要做很多工作。

还必须看到，我国对学生进行传统文化教育比之日本将要复杂得多。日本的资产阶级革命（明治维新），是上层革命，是在天皇制基础上进行的，同上一社会形态也都属于私有制，因此，基本上没有触动传统文化。进行传统文化教育相对就比较简单；即使二次世界大战后在西方文化的冲击下传统文化的推行遇到某些困难，但总体来说，日本的传统文化力量还是比较强大的，他们进行传统文化教育比较轻而易举。

我国则不同，我国从"五四"运动以来，革命运动都是广大工农群众为主体的群众运动，它是推翻反动阶级的下层革命，这场革命理所当然是要包括摧毁反动统治阶级作为统治手段的精神文化在内的。为了保证革命胜利，革命群众当然要对历来为封建统治阶级服务的以儒家思想为核心的传统文化展开批判。在这种情况下，如果要求革命力量如何对传统文化作一分为二的分析，显然是不实际的，也是不应该的，这个分析工作应是革命胜利以后逐步去做的事。问题在于后来事态的发展使这件工作难以做细、做好。中华人民共和国成立后，阶级斗争为纲的指导思想一直延续到几乎整个 20 世纪 70 年代，其间还经历了十年"文化大革命"的灾难，研究传统文化不仅排不上日程，而且使一些人视此为畏途。党的十一届三中全会后，这种状态虽已有了扭转，但其后在开放改革中又出现了"全盘西化"思想的干扰。由于这些历史原因，传统文化在我国一直未在全国普遍得到重视，这就使得今天进行传统文化教育必须下一番苦功夫。既要做好现代化与传统文化关系的辩证认识，又要对传统文化本身作细致的、一分为二的分析；既要研究这方面的历史经验，又要研究这方面的当前问题；既要研究在学生中开展传统文化教育的内容，又要研究这方面的教育方法，等等，不一而足。

当前开展传统文化教育，笔者认为下列一些工作是需要做的：

（1）组织理论力量对近百年我国志士仁人在传统文化上的认识、态度及其实践效果作系统的回顾和总结，以辩证唯物历史观，作一分为二的分析，并从社会主义四化出发，作好扬弃工作。

（2）在全国范围就中华民族的民族精神，开展讨论，取得共识并深入脑际。

（3）在青少年学生中开展文化选择观教育，引导他们建立正确的文化选择观。

（4）倡导开展优秀传统艺术、传统技艺的表演活动，并引导学生去欣赏，培养喜爱传统优良技艺的感情。

（5）对近百年中华民族反压迫、反侵略，求解放、求独立、求统一的斗争的历史及革命传统节日，开展宣传和纪念活动。

校内的校园文化，城镇的企业文化，对学生进行传统文化教育有重要作用。这里日本的经验也值得我们参考。

日本是个追求高学历的社会，家长和学校都使劲引导学生，争取高学历，争取进入名牌学校，其劲头并不比我们小。但日本培养学生的民族精神也做得很有成效。靠的是什么？就笔者看来主要是靠校园文化和企业文化的影响。

在校园，日本通过摔跤、柔道、剑道等传统体育活动，培养顽强竞争，敢于拼搏，不怕苦不怕死的民族精神；通过书道、茶道、花道、雕刻、古典音乐等的学习，促进民主认同感、自豪感，并以此抵制西方低层文化的影响；通过以传统文化的有关内容，如责任感、社会服务精神、音乐陶冶等等定为学校特色，把它有意识地贯彻在学校管理工作和思想道德教育的多个方面，以提高师生的民族意识；等等。

在各个企业，企业家都运用大家庭的传统意识，提出企业精神，以团结全体职工指向振兴民族、振兴企业的目标。如松下电器公司，它提出的松下精神是："产业报国，公明正大，和亲一致，努力向上，礼节谦让，顺应同化，感谢报恩"。很明显，这七点内容的企业精神是同日本的民族精神一致的。现在通过企业把它具体落实了。在一个高度现代化的国家里，企业是联系千家万户的纽带，它通过经济利益的推动和大家庭观念的联系，企业精神在职工中是很能入心入脑的。由于每个职工都与广大学生密切联系，因此民族精神也很容易影响到广大学生。

我国的情况虽与日本不同，如我们的学生对传统的技艺还未培养起感情，教师在这方面也不大熟识；我国的企业也不像日本这样发达，也没有这么广泛的社会联系等等，但应该看到这是培育民族精神的一条路子，有意识加以注意，结合国情是可以做出我们的特色的。比如少林拳，自电影《少林寺》上演后，颇为广大青少年所仿学。如果我们能有意识把它运用起来就有可能对民族精神有所促进。

在进行传统文化教育，强调民族精神的培养时，我们也不要忽视传统文化中也有不少糟粕，这是应该去除的，不要又走向另一极端，把糟粕也吸取过来，或走上厚古薄今的教育道路。

（原载《教育研究与实验》1991 年第 4 期）

民族精神与现代公民教育

现代国家多在推行公民教育，然而公民教育的实质是什么？如何使它做得更有成效？在理论与实践上都有许多需要研究的问题。笔者认为民族精神对提高现代公民教育的质量有直接关系和重要意义，故列本题进行一些探讨并就教于大家。

一、 民族精神与现代公民教育概论

现代公民教育源于近代的西方，是资本主义制度的产物，是伴随着公民地位的确立和解释、宣传宪法中关于公民的权利与义务等的规定而派生出来的。法国是近代实施公民教育最早的国家之一，也最有代表性。法国在 1789 年制宪会议通过了《人权与公民权宣言》，之后的第二年，即 1791 年，就在其颁布的第一部宪法中，提出了公民教育的思想。当年颁布的塔来朗法案就提到了学校公民教育的内容，法案说："学校应向学生讲解公民应尽的共同义务，讲解每个公民必须了解的法律和道德行为规范"[①]。法兰西第二共和国

---

① 北京大学历史系简明世界史编写组. 简明世界史：近代部分 [M]. 北京：人民出版社，1974：76.

（1848—1851）和第三共和国（1870—1879）建立后，公民教育中进一步明确和深化了倡导民主自由的精神和反封建反宗教统治的性质。第二共和国时期通过的卡诺法案，除了规定公民教育要教授公民的权利与义务的道德教育外，还要求发展学生自由、平等、博爱的情感。经过一段的历史反复，第三共和国建立，总结了历史经验，在这时颁布的费里法案中更彻底否定教会对公立学校的权力，要求学校要承担为法兰西共和国培养合格公民的义务①。

从现代公民教育的这一历史发源，我们可以看到公民教育虽引发自对公民的权利与义务的宣传教育，但它从一开始就与对共和国的认同联系在一起，与共和国的价值观（自由、平等、博爱、人权等）不可分离。经过二百多年的历史推演，发展成现代的世界各国的公民教育，是其目的与内容因各国的指导哲学的不同或纲领的差异而有不同的特点，但它和该共和国的价值观相适应并推行其立国的精神则是共同的。在这里如果简单地从公民一词的解释出发，推论公民教育的内涵，就往往会得出不确切的结论。按现行辞书的简单解释，"公民是指具有本国国籍，依据宪法或法律享有权利和承担义务的人"②。一些人就误以为公民教育是低层次的教育，只是简单地讲讲公民的权利与义务的教育。这种认识不仅同历史实际不符，也背离了公民一词的原意。公民地位的确立，是人民大众长期斗争并付出了很大代价而取得的成果。在封建主义统治下，在中世纪政教合一制度中，无所谓公民，只有"子民""臣民"和"顺民"。只有当一个国家承认其国内各个人有独立的人格，是国家的主人的时候，才有所谓公民。公民资格的取得，是人民大众在政治上的胜利。在此基础上产生的公民教育，当然不是低要求的、简单讲讲享受哪几方面权利、履行哪几条义务的教育，而是人的尊严和国家主人翁应有态度和行动的教育。换句话说，公民教育实质上是价值观的教育，是某种社会态度、社会倾向的教育，是认同某种社会制度的教育。享受某种公民权利和履行某种公民义务，都是在上述的态度、倾向等的前提下的法定行为表现。公民要有公籍，但更重要的是有国心。享受公民权利与履行公民义务也不是一种商品买卖式的等价交换关系。权利和义务都是为了实现某种社会目标、实现某种社会理想的措施。当今为什么一些国家在进行公民教育时，都在公民二字之前加上一个定语，如好公民，合格公民，有责任心公民，有理想、有道德公民等等

---

① 转引自：张志义. 八国两地区德育比较［M］. 福州：福建教育出版社，1992.
② 辞海编辑委员会. 辞海：上［M］. 上海：上海辞书出版社，1989.

呢？无非是要使本国或本地区公民在态度行为上不停留在低层次上，要提高公民的素质，把公民教育提上应有的层次。公民的概念是个资格的限定，只要有国籍，享有权利和愿意履行义务，就可以是该国的公民，他不直接涉及价值观念等深层次的问题。他可以是积极的、主动的，也可以是消极的、被动的。有了国籍，机械地对待公民的权利与义务，不同国家民族的发展要求、理想目标联系起来，不主动担负国家兴亡的责任，也可以是个公民。但公民教育不能这样，他除了讲公民资格的限定外，还要引导受教育者以主人翁的态度承担起公民的责任，要从价值观上去影响公民的思想与感情，要扭转消极公民的态度与行为，培养受教育者成为一个积极的、有责任心的公民。

由于公民教育是这样的性质，它天然地要同民族精神的教育结合在一起。

什么是民族精神？历史对此有广义与狭义的理解。广义是指"表现于共同文化中的共同心理素质"①。既包含积极的精神，也包含消极的心理。狭义的是从积极的精神积淀、结晶去理解。本文论述采用后者。根据本世纪八九十年代中国学者的研究，对狭义的民族精神作出了诸如下面的一些概括，如："民族精神是一个民族精神发展中受到人们尊崇成为生活行为最高指导原则，为多数人所信奉，能够激动人心起主导作用的思想观念"②；"民族精神是各民族在其长期历史发展中逐步形成的维系和支撑其民族生存和发展的精神意识"；等等。这些界定，其实并不相互矛盾，只是相互补充。笔者不再多引。从这些概括的论述中，我们可以看到民族精神具有如下一些特点：第一，历史的稳定性，它是各时代人民优秀思想的积淀，历经筛选而保留下来的精神遗产，它没有时代的局限和政制的局限。比如中国的振兴中华精神、自强不息精神，是历代普遍认同的。第二，思想的进步性，它能激励本民族成员奋发有为，力求上进。在各民族的精神意识中，也有落后的思想，这种思想甚至在相当范围、相当程度上有普遍性，如鲁迅先生笔下旧中国农民的阿Q精神，但这不属于民族精神的范畴，那是民族性格中的落后面。随着历史的发展，这种落后的民族性格，终究是会被淘汰的，历史不会认同它。作为支撑民族生存、发展的民族精神当然不会接纳它，事实上在今天中国农民身上我们已基本看不见阿Q精神了。第三，认同的广泛性。由于民族精神是历史积淀起来的积极精神意识，它就有广泛的群众基础。因而也受广大群众的接

---

① 方立天. 民族精神的界定与中华民族精神的内涵 [J]. 哲学研究, 1991 (5): 33-41.
② 张岱年. 文化与哲学 [M]. 北京：教育科学出版社, 1988.

纳。第四，传递的自觉性。由于以上三个特点，民族精神的传播不是依赖行政的力量，而是靠人们的道德自觉。民族精神一般来说首先为每一代的志士仁人所认识，并化为其理想人格，通过其理想人格把这种精神影响于社会。在社会上人民大众把这种精神（不管人们是否把它称为民族精神）作为一种好思想加以接受，并自觉地加以传播。第五，意识的深层性。民族精神一般来说都直接间接涉及人生理想、世界观、价值观，这些都是深层的意识而不是表层的思想，这些深层意识，一般都会引致人们爱憎、喜怒、怜怨等等感情，从而会对人们行为是否坚毅和笃行产生影响。第六，思想的主导性。由于民族精神是民族生存和发展的精神支柱，是同人生观、世界观密切相关，又往往通过志士仁人的理想人格去体现出来，因此它总是一种符合社会进步要求的"道"和"义"的反映。反映"道义"的思想在理论上和道德舆论上都将在社会上占主导地位。不仅在志士仁人和进步人士思想中它占主导地位，就是对落后人士来说，也得在理论上认同，外显态度上不予反对。因此它对于人们在处理思想矛盾时是一种积极力量。

民族精神的这些特点就必然使它同公民教育有深刻的沟通。公民教育既然是价值观的教育、社会倾向的教育，它要做得有成效就不能只用行政措施，而必须依靠社会的精神力量，这就要同民族精神结合起来，使民族精神赋予公民教育以灵魂。相反，不结合则会影响公民教育的力度，甚至变成低层次的教育。另一方面，民族精神的广泛传播，也有赖于公民教育的开展，而民族精神的具体化并落实于行动，也需要依靠公民教育的施行。

多民族国家可否进行民族精神教育呢？可以的而且是必须的。多民族国家的公民由于长期在一个统一的地域、统一的政体里共同生活，除了保持各自的特殊文化外，还形成了比较稳定的共同文化，包括思想倾向、价值观，以至文字和语言，并形成了忧戚与共的感情，组成了一个多元一体的大民族，这个多元一体的大民族自然也有其共同的民族精神，如中华民族的民族精神。有了共同的民族精神就可以进行共同的民族精神教育。对于多民族国家的公民教育，进行共同的民族精神教育是很必要的，有了它，公民教育才可以把"国心"贯彻在多元一体的大民族中，国家的凝聚力才会得到加强。相反，国内各民族将会貌合神离以至削弱了克制狭窄民族主义滋长的条件。

二、 东西方国家民族精神的共性与个性及其在公民教育中相互取长补短

民族精神既然是各民族思想的精华，又有利于公民教育质量的提高，各国就应在民族精神上相互借鉴，以利进一步提高本国公民教育的质量。

为论述方便，本文只从东、西方国家去概括分析。

这里先要弄清一个问题：在东方或西方都有些国家没有出现民族精神的提法或论述，西方国家尤其如此，是否这些国家没有民族精神呢？民族精神教育对他们是否不适用呢？笔者的答案是否定的。某些国家没有或罕见有民族精神的提法和论述，不等于他没有民族精神，因为这不符合历史发展的事实。事实情况是：每当一个国家或民族在发展的转折关头，都会出现某种在积极目标下的群体凝聚力，出现一种共同的、积极的思想趋向，这种趋向不是一时的存在，而会传之久远，虽或因种种原因或有过一段的隐形或淡忘，但一旦再遇国家民族的危机或转折关头时，这种积极的群体意识又会骤然勃发、高扬。这种为保护和促进民族生存和发展的群体积极意识，笔者认为就是民族精神。不管你在名称上换个什么提法，叫爱国主义精神也好，集体英雄主义精神也好，传统革命精神也好，国家责任感思想也好，意思都是一样的。

在西方国家，虽然传统上形成了重个人和个性的社会特点，但这些特点并不是同民族精神对立的，历史的经验会告诉这些国家每个人：个人或个性的发展，必须有国家民族的生存与发展去保证。因此在关键时刻这种精神就会显现出来。比如法国在 18 世纪大革命时为摆脱封建王朝的桎梏而提出的"不自由毋宁死"的口号，很快为群众所接受，成为推翻封建统治的动力。这个口号之后便形成一种传统精神传之久远，并得到发扬。第二次世界大战时，法国人民为反对德国法西斯的侵略压迫，为保卫祖国自由独立，收复沦亡的国土，奋起抗战，敌忾同仇，不怕牺牲，显然这种精神是传统的"不自由毋宁死"的精神在新情况下的体现。

东、西方都存在民族精神，我们就可以进行比较研究和借鉴。由于东、西方国家都是民族国家，都有过自己的文明史，都面临过并处理过民族之间和民族国家之间的矛盾，因此在民族精神上都有一些共性的内容。但又由于东、西方文化背景的不同，历史沿革的差异，各国在民族精神上除了有其共性外，也有各自的特点。作个不完全的比较，东西方在民族精神上的共同点主要有：

1. 热爱祖国的精神

这是东西方各国民族精神的突出共同点，也是东西方各国民族精神的核心。由于民族国家的成员（包括多元一体民族的成员）长期在一个国家里生活，有悠久的息息相关的历史，爱国是人同此心，心同此理的。每个民族都经历过兴衰成败的历史，这些都同国家兴亡，强弱密切相连。历史的经验告诉各民族的各个成员，只有国家的独立高强，民族才能生存发展，于是对国家的向心力与民族的凝聚力一样受到重视，以至两者水乳交融，浑然一体。

东方民族的爱国精神是很明显的，如日本人的国家归属感，尽忠报国精神，武士道精神已为举世所瞩目；中国人的国家兴亡匹夫有责观念，九州同思想、亡国恨、辱国痛，强国愤心理，历代相传；新加坡不分种族、语言、宗教团结一致，为实现国家繁荣进步共同努力，已成为青少年学生每天的誓言①。

在西方国家，爱国精神的树立也为各国所强调和民族的认同。如美国认为爱国主义是美国社会的基础和价值观的奠基石②。法国则强调以法兰西民族史、国家史、共和国史教育青少年，以培养他们热爱共和国的精神③。

2. 不屈服于外来侵略与民族压迫的精神

东西方许多国家都有过受外国侵略和压迫的体验。美利坚民族独立前后受到英国殖民主义势力的压迫，欧洲各国在第二次世界大战时受到德、意、日、法西斯主义的侵略、占领。近代史上东方一些民族，特别是中国一再遭到外国侵略势力的欺凌压榨，丧权辱国之事一再发生。这些历史经验锻炼了东、西方各民族，特别是那些受欺凌、压迫最多、最深的民族，对待外来侵略势力的敌忾同仇精神和不屈挠的反压迫精神。近、现代史上美国的独立宣言，法国的马赛曲和戴高乐将军在二战流亡伦敦时振臂高呼法兰西民族不会灭亡的声言，中国的《黄河大合唱》《义勇军进行曲》等等都道出了东西方民族不屈服于外来压迫侵略的强音。

3. 自豪自尊的精神

无论东方民族或西方民族都认为自己是个优秀民族，都以自己民族的优秀传统和伟大成就自豪，并且把这些教育后一代人。与此相关，东西方民族都不能容忍别人对本国、本民族的侮辱。

---

① 新加坡要求青少年在每天清晨升旗仪式时背诵这样的誓言（转引自：张志义. 八国两地区德育比较 [M]. 福州：福建教育出版社，1992）。

②③ 转引自：张志义. 八国两地区德育比较 [M]. 福州：福建教育出版社，1992.

每个国家民族无论历史长短都有其历史成就和英雄业绩，他们都为此而引以自豪。这种自豪是历史地、自然地形成的。有这种自豪感也是必须的，如果没有这种感情，或不把这种感情传之后代，这个国家就没有希望，也无以为继了。所以无论东方或西方的国家都很重视和珍惜自己民族中的这种感情，重视产生这种感情的历史成就与英雄业绩，日本把这些称为珍品①，中国把这些叫作中华民族的宝贵财富，法国则认为是可以炫耀的东西②。为此，东西方各民族国家都重视把他们的历史成就和英雄业绩建成种种纪念馆，场、园林居室，让本国人瞻仰和接受教育，也供国外客人参观。这既是优秀文化的传递、弘扬，也是民族豪情的显示。

民族自豪感总是同民族自尊心联系在一起的。任何国家民族都不能容忍别人对自己的伟大历史与英雄业绩以讥笑、侮辱，不能让别国践踏自己的国土和文化，诋毁自己国家民族的代表和象征。东方儒家文化圈各国的人民，更重人格、国格，如果他们感到这方面受到了屈辱，就会起来抗争。

东西方各国的民族精神也有不同的个性特点，作一比较（不完全的比较），主要有：

（1）东方民族的成员在为国家民族利益奋斗时，如出现要处理个人与社会、个人与他人的关系，多着意于克制自己，"以道制欲"，"重义轻利"，"己所不欲，勿施于人"。西方民族的成员在为国家民族利益奋斗时，多着意于发展自己，在人际关系的处理上赞颂利己而不损人。

（2）东方民族的成员在作主观努力时，多强调先作内在的精神超越，主张加强修养，自强不息，从诚意正心、修身齐家到治国平天下，个人修养要止于至善。西方民族则重外在的自我实现，要从外显上体现自己的力量、潜质。为了争第一、创第一，他们标奇立异和不惜冒各种风险。

（3）在民族交往上，东方民族学习对方文化重兼容并包，从中创出新意。中国的中西整合、批判吸收，创出特色的思想，日本的"和魂汉才""和魂洋才"③，创造出日本式文化的战略。新加坡的"借东风"又"借西风"④，吸取东

---

① 参见中国第十一届赴日考察团资料。

② 转引自：张志义. 八国两地区德育比较［M］. 福州：福建教育出版社，1992.

③ 转引自：章人英，刘海善，蒋东来. 文化冲突与时代选择［M］. 上海：上海人民出版社，1987.

④ 新加坡副总理王鼎昌的讲话，见1986年8月2日新加坡《联合晚报》。

方西方之精华、摈弃两方的糟粕的原则等等都是这种精神的体现。

西方人在民族交往上则显出较强的民族自信心，有民族优越感，没有形成兼容并包的民族思想的倾向。

东西方民族精神的这些特点，各有优长短缺。东方民族社会观念强，克己而求社会成就以及重义轻利等，有利于形成民族的凝聚力，也有利于转化为集体的合力从而有利于现代企业的发展；在现代市场经济条件下，克己而求社会和谐，重义轻利的精神，还可以克制个人私利恶性膨胀，人欲横流，从而可以促进社会的进步或和谐，但过分克己和对利的忽视也是个不足，不利于调动人们的积极性和首创精神，从而不利于民族经济的繁荣与科技的昌明。相反，西方民族着意发展个人，致力于个人的开拓创造，这对于民族物质建设的发展是个积极因素，但过于考虑个人则容易造成社会观念淡薄，国家民族责任感不强，对企业也会向心力不足，不利于发展现代生产。

东方民族的兼容并包，博采众长创出新意的精神，在今天科技革命年代很为重要，它可以促使本民族不断跟上潮流，创出新产品，也有利于促进各民族的求同存异和促进国际合作，也可以迁移至人际关系的协调；注意创出新意更能有所超越，有所前进。西方民族自信心强，是个人和社会进步的必要素质，但如果自视优越，不虚怀若谷，必会自我局限，不仅不利进步而且会引致国家之间的矛盾。

东方民族重视主体内在精神超越的思想，对于国家民族理想的追求，以致愿为国家民族发展作奉献的品德的养成，显然是个良好因素；但也要防止出现只求精神超越而不重视落实于现实成就的结果。西方民族重视外显的自我实现，这有利于工作效率的提高，但也容易忽视道德理想的追求以及出现道德行为自觉性不高，只顾自己、不顾别人，只重眼前、不重长远，只研究现象、不研究本质等状况。

东西方民族精神各自优长缺短的存在，注定了他们在精神文明建设上要互相学习、取长补短。在近代史上由于东方民族在科学技术上相对落后于西方，历史发展的经验使得他们主动改变闭关自守的观念，强化了兼容并包的思想，自觉向西方学习。这种意识至今不泯。西方近年有识之士也意识到强调个人主义过了头，带来了个人不知自重自控，国家意识淡薄等问题。于是也提出向东方伦理道德学习的问题①，这大概是国际精神文明建设上的某种历史发展的趋势。

上述东西方民族精神的对比认识，是笔者的一种肤浅的见解。这种认识也是从相对意义上说的，至于具体人具体事，则常常有东方民族精神特点西方人也具有，而西方人的特点东方人亦存在。有的精神意识在历史发展中也出现了变化，如中国在 20 世纪 80 年代开放改革后，人们的个人主体意识、首创精神、利益效益观念都有所加强。可以说，民族精神也处在发展中，随着时间的迁移，科技的进步，空间的相对缩小，交往的频繁，东西方的优良传统，优秀文化都会成为人类文明的优秀积累而彼此渗透吸收，共性将相对逐渐扩大，个性将相对日益缩小。

东西方民族精神的同异及其发展趋向，各国都要加以研究并在本国公民教育中提出相应的措施。对此，笔者认为在认识上要注意解决两个问题：

第一，在处理弘扬本国民族精神和吸收外国民族精神精粹的关系时，要坚持本民族的特色，去除国外不适于本民族的内容。因为民族精神是长期的历史积淀，已形成一种心理定式，在公民教育中坚持本民族特色将使提出的教育要求更易为学生所了解和接受，也易取得社会对教育的支持。

比如西方发展经济以个人主义为精神动力，在东方就不合适，东方民族的精神动力更重集体精神，即使实行资本主义制度的国家也是如此。对此，新加坡现任总理吴作栋于 1988 年说了这样一段话："年轻一代已越来越个人主义。如果个人主义启发创造力，那是好事。不过如果个人主义造成自我中心的自私态度，将会破坏国家和社会的凝聚力，它也将削弱我们的国际竞争能力。新加坡要确保的是群体的精神价值。"② 吴总理的这段话，对东方民族来说是有代表性的。群体精神价值的效果如何？新加坡经济的迅猛飞腾已经作了回答。

第二，要重视研究吸取各国，包括不同社会制度国家的民族精神，为我所用。民族精神无论是哪个国家的，都是人类精神文化的共同财富，都可研究吸取。过去有一种看法，认为不同社会制度下的国家，其爱国主义、民族自豪感、自信心等不可能有共同语言，因而无吸收之可言。这是片面的看法。以爱国主义为例，首先爱国主义的内涵是很广的，除了讲爱某种社会制度外，还有爱他们的优秀文化传统，伟大的历史人物，壮丽的锦绣山河，保卫祖国领土的完整，反对

---

① 新加坡《联合早报》，1988 年 10 月 29 日。

② 新加坡《联合早报》，1988 年 10 月 29 日。

外国压迫侵略等等,这些难道没有共同语言吗?其次,作为一种精神原则的爱国主义,只要改变一下联系社会制度的特定内容,还是可以有吸取之处的,比如中华民族文化中有"国家兴亡,匹夫有责"的精神,这句话是在封建王朝中提出的,但这句话作为一种保家卫国的精神,撇开特定内容还是可以吸取的。最后,前边已经讲过,狭义的民族精神,有其特定的内涵,那些消极、落后的,有害于人类进步的精神意识是不被包含在内的。

同样,对于民族自豪感、自尊心等,也可以作这样的辨析。

中国近现代经历了一百五十多年的历史进程,付出了很大的代价,得出了一条辩证的认识,这就是:必须继承发扬民族优秀传统文化而又充分体现社会主义的时代精神,立足本国又充分吸收世界文化优秀成果,不搞民族虚无主义和全盘西化。这条经验,已贯彻在我国的公民教育中。

三、 现代化条件下的公民教育与民族精神教育的一致性

现代化要培养现代人,现代公民教育当然要同培养现代人挂钩,在公民教育中进行民族精神教育,是否同培养现代人一致?回答这个问题就得从什么是现代人说起。关于现代人的素质,20 世纪七八十年代议论颇多,提得比较早而又影响较大的是美国英格尔斯的一本著作《走向现代化》。在这本书里,英格尔斯总结了他考察六个发展中国家在推进现代化过程中的教训,认为现代化必须培养现代人,而现代人则需要具备 12 点素质:①准备并乐于接受他未经历过的新的生活经验,新的思想观念,新的行为方式;②准备接受社会的改革和变化;③思路广阔,头脑开放,尊重并愿意考虑各方面的不同意见、看法;④注重现在与未来,守时惜时;⑤有强烈的个人效能感,对人和社会的能力充满信心,办事讲求效率;⑥办事前有计划性;⑦尊重知识,重视验证吸收新知,探索未知;⑧不信命运,信赖人类的理性力量和理性支配下的社会;⑨重视专门技术,有愿意根据技术水平高低来领取不同报酬的心理基础;⑩乐于让自己和他的后代选择离开传统所尊敬的职业,对教育内容和传统敢于挑战;⑪相互了解,尊重和自尊;⑫了解生产及过程。①

---

① 英格尔斯,等. 人的现代化 [M]. 殷陆君,编译. 成都:四川人民出版社,1985.

这 12 点是在实际调查中掌握了许多数据而概括出来的见解，对于培养现代人是有参考价值的。但要指出，这个概括有很大的片面性。

第一，它以偏概全。作为人，无论是东方的、西方的、古代的、现代的，至少有两个共同点：其一，他是个社会的人，他必须懂得处理种种社会关系，包括公私关系、人我关系、行业关系、劳资关系、上下关系、亲缘关系、男女关系、个群关系、民族关系等等。其二，他必然归属于某个国家（除原始社会和个别暂时处于过渡状态地区中的某些人外），他必然会碰到国家民族认同、社会制度选择、国际关系思考等问题，他在此得表示出恰当的言行态度。显然，相应这两个共同点，必须培养起相应的素质，否则，这个现代人也当不下去。12 点概括是没有就此作出回答的，他所考虑的是着重在新技术革命和现代市场经济发展所提出的问题。不能否认，从这个背景去设计现代人素质是必要的，但不包上述两点，就是片面性。

第二，12 点素质是把传统文化作为对立面的，这也是个不当。传统文化中有许多是糟粕东西或过时东西，但也存在不少精华的对今天进行现代化仍然是适用的甚至是必要的东西，比如，西方的自由、平等、博爱、自尊、自信，敢冒风险力求创新，东方的国家兴亡匹夫有责，富贵不能淫，威武不能屈，贫贱不能移，自强不息，勤劳勇敢，求是务实，艰苦奋斗，豁达乐观等等，难道这些不是今天进行现代化必要的品质吗？难道这些在现代公民教育中不是必须贯彻的精神吗？笼统地提倡对传统智慧敢于挑战妥当吗？而上面所举都是民族精神的内容。换句话说，现代化条件下的公民教育同民族精神教育并不矛盾。没有民族精神教育，就没有民族凝聚力，没有民族凝聚力就没有现代化。

用民族精神促进现代化，日本是个范例。谁都不会否认，今天的日本是个高度现代化的国家，而到过日本的人，谁都会看到，她也是民族精神教育做得很广泛而深入的国家。日本的企业，多有企业精神，大企业尤其如此，松下集团在其陈设的企业发展展览馆的入门地方，就在显眼处书上该企业的精神的如下七句话："产业报国，光明正大，和亲一致，努力向上，礼节谦让，顺应同化，感谢报恩"。不用证明，这七句话，是日本民族精神在企业上的体现。可以毫不夸张地说，日本现代化的突出成就，是现代科学技术同大和魂（日本民族精神）结合的结果。

日本学校德育开展民族精神教育也是很明显的。不用说学校有许多民族传统文化的内容，而且在制定德育大纲时也贯彻"不易、流行"的原则。所谓不易指对传统上的"珍品"，包括精神文化上的珍品要坚持下来；所谓"流行"，是指跟上世界发展的形势。

认识现代化条件下公民教育同民族精神教育的关系，日本的认识可否作为他山之石？这是一个值得我们考虑的问题。

（原载《教育论丛》1993 年第 4 期）

中学德育及其实施

深化学校德育改革的几个问题
——学习党的十三大文件的体会

当前我国学校正面临深化改革的任务。学校德育改革从哪里去深化？这是从事德育工作和德育研究的同志一般都较关心的问题。党的十一届三中全会以来学校德育改革已取得了不少成绩。当前，根据党的十三大，特别是社会主义初级阶段理论的精神、学校德育改革，还有哪些认识要继续加深，哪些做法要进一步完善，下面谈几点认识。

一、 德育目标要适应现阶段国情和任务， 贯彻生产力标准的精神

正确认识国情和提出任务，大至对国事的兴衰，小至对学校德育的成败都有决定意义。社会主义初级阶段理论对国情的分析是得来不易的，是付出了重大的历史代价而取得的科学论断。这个论断已为近九年开放改革的实践所验证，一些德育试验学校凡是从类似或接近党的十三大所作的国情出发考虑德育工作的，就多少取得成效。

为众所知，党的十三大对我国国情作了两方面的归纳：一方面

是三个确立（生产资料公有制为基础的社会主义经济制度、人民民主专政的社会主义政治制度、马克思主义在意识形态中的指导地位）、两个消灭（剥削制度和剥削阶级）、一个巨大增长（国家经济实力）和一个相当发展（教育科学文化事业）。另一方面是指出存在许多落后状况和不足，主要有：生产力落后，科技水平不高；生产关系存在多种经济成分；分配存在多种形式；商品经济和国内市场很不发达；社会主义经济制度还不成熟或不完善；建设高度社会主义民主政治所必须的一系列经济文化条件还很不充分；封建主义、资本主义腐朽思想和小生产习惯势力在社会上还有广泛影响；等等。

生产力落后是国情的要害，一切其他国情都受它所左右或影响。现在我国人均国民收入才达到 310 美元，按联合国的划分标准，我国是处在世界的贫穷线以下。这种情况怎能强有力地显示社会主义制度的优越性，又怎能彻底实现祖国的统一呢？不扭转这种状态，实现发达的社会主义理想岂不成了画饼？

根据这样的国情，社会主义初级阶段面临的一个根本任务就是发展生产力，实现工业化和生产的商品化、社会化、现代化。

显然，学校德育深化改革必须从上述国情出发，培养出能实现上述任务的人才。

对学生思想政治、道德的要求。从不同角度可以有不同的标准。如四项基本原则标准、伦理规范标准、法纪标准等等。但归根到底今天应主要把它落实到对社会主义四化，落实于解决当前我国主要矛盾的认识态度、品德与作风上去。只有这样，我们的德育目标才具有时代精神，否则就是脱离根本实际的德育。但长期以来我们对此并不明确，只知德育要从属于经济制度，政治制度、却不考虑这种经济制度、政治制度是否完善，是否有利于生产力的发展，处于不自觉的、消极的从属状态。在这种混沌的思想状态下，定德育目标和评价标准就往往从抽象的人际关系或个人与社会关系去提要求，如是否狠斗私心一闪念，思想认识是否合符经典精神，历史上有无污点，人际关系是否和谐，对金钱是否计较，是否尊师重道、循规蹈矩，等等。无疑这当中有些也要看的，但关键之所在是立足于引导学生建立解决社会主义现阶段主要矛盾所需要的品德，而这点过去就恰恰没有考虑或很少注意。

1957 年底至 1958 年初我国开展了一场所谓红专大辩论，这场辩论的后果是助长了空头政治思想的发展。虽然它提倡又红又专，但实际上却导向只"红"不专。多从是否听话、是否积极投身运动去向学生提要求，作评价，甚至把投身运动本身也看作"专"。显然，产生这个不良后果的根源就是它背离了当时全国的主要矛盾，违背了生产力标准。用脱离生产力的人为的生产关系标准去制定思想政治道德目标，其结果使相当一些人患了理论脱离实际的顽症：成为夸夸其谈，善于讲空话、大话和套话的人。这个教训我们应予记取。我国现在还是个小生产的国家，小生产者的习惯势力仍很顽固，狂热病仍有基础，社会主义空想论、德育中的空头政治思想仍有社会条件，我们只有贯彻生产力标准的精神，清除空头政治才有可能。

德育属于意识形态领域，具有时代精神的德育目标对生产力的促进作用是间接的，根据初级阶段社会主义建设纲领，深化德育目标的改革，贯彻生产力标准的精神，笔者认为可以从下列四个方面去考虑：其一是同作为后备劳动力的学生的智能发展和科学技术掌握相联系的思想素质（主要是非智力因素）；其二是同经济体制改革要求相适应的思想素质（主要是适应有计划商品经济的素质）；其三是同政治体制改革相适应的思想素质（主要是建设社会主义民主政治和保持社会安定等所需要的素质）；其四是同学生所在市县经济发展模式相适应的思想素质。归根到底就是振兴中华，实现社会主义现代化的理想信念、道德品质和品格作风。生产力标准的德育目标，在开放改革的形势下，其实已"自发"地在学校起作用。以企业家、改革家和有为的专业户作为自己的学习榜样，作为自己事业理想的学生为数不少，也有学生以"高效益，高收入，多贡献"为高尚的人的概括。不管这些认识是否全面，但都说明生产力标准的价值观已在实践中，我们提出德育目标贯彻生产力标准精神，只不过是希望在这方面做得更自觉、更全面，更有计划而已。

二、 学生的思想素质要向发展有计划的商品经济， 同建设社会主义民主政治相联系

发展社会主义商品经济和建设社会主义民主政治，是实现社会主义初级阶段的根本任务的关键。

商品经济的充分发展是实现生产社会化、现代化的必不可少的基本条件。充分调动人们在社会主义建设中的积极性与创造性，是解放生产力和发展生产力的基础，而这样都有赖于发展商品经济。发展商品经济可以把个体经济、集体经济以及全民企业都搞活起来，把各种形式所有制下的从业人员的特长和潜力都挖掘出来。这样，实现中华民族的伟大复兴在经济基础上就有了有力的保证。

现在在校的所有学生，都是社会主义初级阶段的建设者，许多人还将在此阶段内渡过一生。他们都将参与商品经济的活动，负有发展商品经济的任务。为此，必须使他们具有发展商品经济的良好素质。

我国的商品经济既具有各个年代、各个国家商品经济的一般性（即共同性）；同时又具有社会主义条件下商品经济的特殊性。一般性方面如：商品持有者与需求者是各自独立的一方，通过市场实现商品的价值；等价交换；价值规律起作用等。特殊性方面例如：以公有制为基础，有计划地运行，经营目的是为了满足人民日益增长的物质、文化需要；以企业为活动主体；劳动者是社会的主人等。在考虑培养学生相应思想素质的时候，必须把上述两个方面结合起来。为此，以下几个素质有重要意义。

经济效益与社会效益结合的效益观。既重视劳动（或工作）的质量数量及时效；又重视它的社会影响，它对公有制的加强及对精神文明建设的作用。

个人利益与集体利益、国家利益结合的利益观。使学生懂得个人的实惠和发展只能求合理的满足，要有接受法纪和道德限制的自觉性，怀抱共同富裕共同发展的理想。

不违背国家法纪、职业道德前提下的强烈竞争精神，经常有一种紧迫感、危机感；发奋图强，创造优势，保持优势，发扬优势；养成审时度势的应变能力；不因循守旧得过且过；不剽窃别人成果；不坑害同学、同行，不搞无政府主义。

诚实劳动，艰苦创业。有按劳取值之德，无弄虚作假之心；凭诚实劳动、改善经营、艰苦奋斗致富，不搞非法利润。致富了也不忘艰苦奋斗。

建设民主政治是发展生产力的重要保证，社会主义民主政治不仅是促进社会主义商品经济发展的"手段"，而且是清除存在于我们社会上的形形色色的黑暗面，使我国政治、经济、文化和社会生活的各个方面充满生机活力的保障。十三大是把建设社会主义民主政治作为我国的一个基本目标提出的。从上层建筑领域看它是我们实现民族伟大复兴的决定性条件，也是伟大复兴的体现。

民主政治是高中以上学生比较关心的问题。但由于他们对中国的国情和西方国家的国情都不大了解，一部分人容易受西方所谓绝对民主、自由所迷惑，容易接受自由化影响。为此，除了让他们了解国情和认识社会主义建设的伟大纲领之外，还必须培养建设社会主义民主政治的相应思想素质，下面素质笔者认为有现实意义。

主人翁精神。据问卷调查，中学生比较多的人是关心升学，个人实惠，玩乐，做自己所喜欢做的事。至于国家大事能说得上道道的很少，甚至认为中学阶段要集中精力学习文化，莫谈国事。必须采取有效措施，使他们建立同国家事情休戚相关的思想。

具有使自我意识发展同社会意识成长结合的思想。自我意识不发展，就不会有民主思想的萌发，而社会意识不觉醒就会使民主思想走歪方向。既要发展自我，又要使自我发展符合历史的进程，要在进入社会中发展自我意识。

知政、议政、参政、督政的自觉性与能力。这是学生政治成长的体现，也是主人翁精神的反映。这个过程做好了，也将使学生逐步体会社会主义民主的优越，划清社会主义民主与资本主义民主的界限。

三、 德育工作要适应基础教育的变革

当前基础教育面临着重大的变革，县以下教育和中等城市教育要面向当地经济建设和社会发展，升高一级学校放在兼顾地位；全国教育要从以智能为中心转向全面发展。基础教育的这些重大变革也是社会主义初级阶段我国国情和任务所决定的。如果我们培养的学生都不愿留在县以下地区工作，又都只有应试的本领，我国的生产力就休想上得去，现在能上大学的人很少，假如他们绝大部分不愿留在当地建设，又只学得一些应考的知识能力，年年如此，我国的建设还能上得去吗！

基础教育的重大变革，要求教育体制、教育结构、课程内容、教学方法等等都要作相应的革新。学校德育当然也不例外。

学校德育适应基础教育变革的一个重要体现就是按照地方经济发展的特点（或模式）和存在问题，相应地培养学生需要的思想素质。无论条件好的地方，条件差的地方，它的经济高飞或起飞都要教育给以帮助，都要求给未来的劳动者形成良好的思想。

以广东为例。珠江三角洲各县市无论地理环境或资源条件都是比较好的；另一些地方如湛江市的吴川县①，则是条件较差的。这些地方都各有自己的经济特点和高飞或起飞的打算。

比如珠江三角洲的顺德县②，他的经济特点是：

（1）集体经济占主导地位，1986 年全县工农业总产值 30.4 亿元，其中集体企业占了 3/4。

（2）以区办骨干企业为重点，带动乡村各个层次的发展；1986 年，几十个区镇企业带起乡、村小企业 3 640 间，从业人员 136 000 人，占农村劳动力的 34%。

（3）逐步走向外向型经济。1986 年全县有 38 个企业，创汇超过 100 万美

---

① 现为湛江市吴川市。
② 现为佛山市顺德区。

元。40 个农副产品加工厂，1986 年创汇突破 4 000 万美元。

（4）以骨干企业的名牌优质产品为龙头。组织专业化协作带动乡村工业的发展。如风扇是该县的名牌产品之一。10 间大风扇厂，年产 450 万部，带起了两个区的乡村工业。现全县有 58 个产品被评为省优质产品，这就把全县的乡村工业都带动起来。

（5）投资大，产值大，经济效益高。如桂洲区 1980 年以来引进 10 条生产线，引进设备投资 1 114 万美元，又投资 1 500 万元人民币改造企业生产条件。该区桂洲风扇厂 1985 年 630 名职工产值 1.056 亿元，人均 167 619 元。

这样的经济发展特点，劳动者具有什么思想素质才能与之相适应，才能起促进作用呢？笔者认为，以下一些是值得重视的：

（1）振兴家乡，振兴民族，共同富裕的理想。要把发家致富、家乡富裕看成是个人的一种责任；要为振兴民族，共同富裕作出贡献。不要光打小算盘，让国家多些亏自己多占便宜。

（2）为国争光，为社会主义争气。越是以外贸为导向，越要谦虚谨慎，越要挺起胸膛，时刻记着向外学习，向内引进，目的是为我所用，发展自己，使尽快赶上它超过它。不要卑躬屈节，更不要为虎作伥。

（3）审时度势，善于竞争，善于应变。要敏锐地观察国内外发展形势，市场形势，掌握信息，及时决策，不要钻死胡同，不要思想僵化。

（4）艰苦创业精神。富了也不搞高消费，要懂得积聚实力，扩大事业，发展事业。

（5）胸怀开阔，高瞻远瞩。注意防止小生产习惯势力的影响，别人发展了，不妒忌，不眼红，不搞平均主义；一时受挫，不悲观失望。要善于总结经验，拨正航向，急起直追。

（6）诚实致富，诚实成名。

如果学校以上述思想素质培养当地学生，这将是比较切实的，容易为学生所接受的要求。如果又达到预期的效果，对于当地经济的高飞，无疑将起促进作用。

对于经济条件不同的地方，学校德育的要求，也应另有其个性。比如广东的吴川县，它是一个穷县，人均仅 6 分地，又缺乏地下资源和有利的地理条件，无大城市可依靠，离港沃市场又远。该县只能另辟蹊径去达到经济起飞。他们把满足耕作以外的劳动力，搞"五自"家庭联合企业（"五自"是自由组合，自筹资金，自找场地和项目，自主经营，自负盈亏）。这样做具有投资少、见效快、效益高、群众实惠等特点。他们又搞发展专业群体，实行产供销一条龙，逐步实现生产系列化、社会化。

这样一来就形成了吴川县的经济优势，创造出高于农业劳动力的生产力。1985 年家庭企业收入占全县农业总产值的 42%。

根据吴川县的上述情况，当地学校德育就应有自己的个性，如培养目标上注意培养自力更生，艰苦奋斗，开发家乡的精神；立足本县放眼全国的精神；学好文化基础知识，掌握一技之长的决心；团结协作精神；等等。

学校德育适应基础教育的变革，要重视和研究的问题还有很多，比如校风建设问题，校风是一校精神的集中体现，但目前许多学校的校风基本集中在学风作风上，如勤奋好学，求实进取，艰苦朴素之类，有的也加上一些品德上的要求，如尊师守纪、团结友爱之类。这些当然是好的思想素质，但还有一大缺陷，没有反映方向性、理想性的内容，笔者认为这是不够全面的，抗日军政大学的"三八"作风，向为教育工作者所称颂，这个校风的三句话八个字，体现了当时的时代精神，也适应那时全国主要矛盾所要求的思想素质。我们现在制定校风为什么不可以考虑结合各自特点把培养适应解决当前主要矛盾的思想要求写上呢？

另一个值得研究的问题是对中学三类学生的因材施教问题。现在对中下学生的注意是加强了，这是好的；但还有另外问题较多的两类，一是尖子生（或学业优等生），另一是农村生，前者多是未来的大学生，这些人很能思考问题，又很脱离实际，很容易受西方思潮的影响；后者则多下决心要脱离农村，不想参加农业现代化的建设，费尽九牛二虎之力要脱离"谷壳"，上大学。

三类学生的思想教育也是基础教育变革必须解决的问题，否则全面贯彻教育方针，面向全体学生就是空话。

四、 学校德育要适应现阶段学生的心理变化

在开放改革条件下，学生的心理产生了许多变化，举其要者至少有如下几点。

（1）生理成熟提早，心理成熟相对落后。生理成熟提早主要是指第二性征出现得早。比如 1964 年调查我国女孩子月经初潮是 14～15 岁，而 1985 年则为 13～14 岁；男孩子梦遗过去平均是 14～15 岁，现在则有 1/3 的学生在 13 岁就有射精的体验。

这可能同开放改革带来人民生活的改善有关，也可能与西方文化的刺激，促进生理的变化有关。生理成熟的提早，带来的主要结果是性意识萌发提前。由于知识学习实践锻炼等没有相应跟上，学生的心理并无早熟，他们的思维能力、判

断能力都不高。这就容易出现青春期的种种问题（如出现易激动、探奇、追求、烦躁、梦幻以至厌世等心态），处理不好，就影响学习，影响上进。

（2）自我意识增强，社会意识减弱。自我意识增强是拨乱反正，实践真理标准讨论，开放改革带来的积极结果，但又有往另一方面发展的趋势，如崇尚自我设计，自我中心，自我实现等。这种心理状态的结果是许多学生从不轻信盲从到产生逆反心理，其不良后果则是对国事民生、人类命运不大关心。

（3）独立思想明显发展，依赖思想依然存在。这是自我意识增强而个人阅历和知识浅薄，碰上惶惑之事颇多而造成的一种矛盾心态，他们既埋怨师长跟不上潮流，又很想得到师长的帮助。

（4）爱美要求提高，审美能力低下。生活已有改善，从求温饱到求美好，这是一种进步。对外开放，西方文化输入，产生了好奇心和促进了审美意识；自我实现哲学思想的影响更加强了美的观念。但审美涉及哲学、美学、伦理学、社会学、艺术理论等知识，不少学生尚不懂得，美不但有形象性，还有时代性、社会性、民族性。他们往往以逆反作崇高，以庸俗作美好，甚至以肉麻当有趣、腐朽作新奇。

针对学生诸如此类的心理变化，对应的德育方法变革自然很多，但归根到底是要进一步提高疏导的水平。作为第一步，就要把对疏导指导思想的认识提到新的高度。疏导不仅仅是教育形式与渠道的不同，也不仅仅正面教育或非正面教育之差别。它的实质是教育方法的指导原则。这些原则，根据德育工作者的经验可以概括为五性：

（1）针对性。不回避问题，不畏复杂，善于解剖，抓住实质，加以引导。

（2）时代性。教育要求要与时代合拍，比如讲理想不能单讲社会理想或个人理想，而要把两者结合起来；讲坚持四项基本原则要赋以时代精神，要同开放改革结合，同马克思主义的发展结合；教育过程要体现师生之间民主平等的新型关系；教育活动要结合美的形式；等等。

（3）真实性。不讲假话，不文过饰非；摆事实讲道理；善于说明过程背景，分清是非责任、主流支流。

（4）知识性。博引旁征，用大量知识说明某个观点，使学生认识得到提高，思想受到启迪。

（5）榜样性。讲理想的人要有理想，讲道德的人要有道德，讲纪律的人要有纪律；教育者如果讲到的要求，自己有不足之处，可以现身说法，讲讲经验教训，这也是好的榜样。

深化学校德育改革是一件难度大的工作，面对的问题很多，以上所举只不过其中一些而已。有的同志怀疑学校德育工作在当前条件下是否能取得成效，他们提出："对学生影响，社会力量大还是学校力量大?"根据实践，我们可以作这样回答，学校德育如果改革得好，学生本身也是克服社会习惯势力的一支重要力量。要是这样，主动权不就在我们手中了吗?

（原载《教育论丛》1988 年第 2 期）

关于中学思想政治道德教育大纲的设想（总纲）

学校思想政治道德教育必须有个大纲，以便教育工作有所遵循，避免主观随意性。

我们的社会在不断进步，形势在不断变化，制定一个相对稳定的学校思想政治道德教育大纲完全可能，因为我们的社会主义建设是在马列主义、毛泽东思想指导下有步骤地分阶段进行的。党的十一届三中全会是时代的里程碑。从那时以来，我国实现了以社会主义经济建设为中心。党和政府计划从现在起，到中华人民共和国成立一百周年前后，我国将分三步走实现经济上接近世界发达国家的水平，成为先进的繁荣富裕的社会主义强国。作为第一步，是从1980年到2000年，我们将实现工农业总产值比1980年翻两番，使人民生活达到小康水平；在抓社会主义物质文明建设的同时，将抓好社会主义精神文明建设，使越来越多的人成为有理想、有道德、有文化、守纪律的劳动者；要抓好对外开放，对内搞活经济，发展社会主义商品经济，抓好机构改革和经济体制改革等项工作；要发展社会主义民主，加强社会主义法制；要实行一国两制的构想，实现统一祖国等，都是这个时期的任务。

社会主义建设现阶段任务的确定，使制定一个相对稳定的学校思想政治道德教育大纲成为可能。也就是说，我们可以根据现阶段的任务，制定一个适用于从现在起到 2000 年前后的中学思想政治教育的要求以及相应的教育措施，为中学进行德育提供依据，以培养出具有时代精神的一代新人。

我们的时代是社会主义现代化建设的时代，是为此而不断改革、创新的时代。有理想、有道德、有文化、守纪律，热爱社会主义祖国和社会主义事业，具有为国家富强和人民富裕而艰苦奋斗的献身精神，不断追求新知，实事求是、独立思考、勇于创造，这是相应这个时代的时代精神。中学的德育，就是为培养具有这样的时代精神的公民打下基础。我们的设想，就是试图根据这个时代精神，结合学校出好人才的任务和当代学生的年龄心理特点，去制定学校的德育目标，包括阶段目标（初中、高中）和年级目标。试图避免一般化、成人化、简单化，使德育按年级德育目标要求，循序渐进。

学校德育目标的结构，包括理想信念、道德品质和作风素质（包括学风、作风、意志性格与自我修养能力素质等）三个组成部分。

理想从总体来说分生活理想、职业理想和社会理想三个方面。三个方面是辩证地结合在一起的，其核心部分是社会理想。这个理想是分层次的。当前这个理想在中学的中心要求就是为振兴中华，建设社会主义现代化中国立志成才。理想和信念是一体的，信念是对理想实现的深信态度和成才可能的深信态度。

道德品质包括人际关系和个人与社会关系两方面的行为规范。前者如尊重别人，先人后己，舍己为人；后者如遵纪守法，热爱集体，先公后私，公而忘私，其核心之处是为人民服务。道德品质也是分层次的。当前，对大多数中学生来说，要从社会公德抓起，努力培养社会主义道德，包括社会主义人道主义和职业道德。至于公而忘私，舍己为人，对多数学生也要作为方向进行教育。

作风素质是指人们在待人处事、处理各种关系的过程中，体现出来的态度、精神、意志品质以及自我修养的各种能力素质的表现。在现阶段，学校要抓好学生中勤奋好学，认真踏实，热爱劳动，活泼开朗，艰苦奋斗，追求新知，独立思考，创新改革，实事求是，竞争协作，懂得应变以及自我批评、自我激励等素质的培养，特别要重视把自我教育、自我激励、自我控制的态度和能力培养起来。这是主动跟上时代的重要素质。

由于各地发展不平衡，条件不完全一样，我们在设想中提出的阶段德育目标和年级德育目标，仅供各地参考。

实现学校德育目标是一个复杂的系统工程。它是多渠道、整体性的工作，需要各方面共同努力，从不同角度采取有效措施。班主任、团队组织和政治课老师，要结合本身工作特点，按照德育目标序列的要求，制定年级的教育工作序列。各科教学是思想政治教育最经常采用的重要途径，虽然教学有其本身的系统性，但也可以结合教学的内容，参照德育目标的阶段要求和年级中心要求，致力于德育目标的实现。

家庭教育是实现德育目标的重要方面。家长学校或家长委员会，是统一学校与家庭的认识，使家长配合学校对学生进行德育的重要阵地，要逐步健全，形成制度。

思想政治教育活动不是直线前进的，而是在不断反馈中进行的。每项教育措施必须注意检查效果，找出存在问题，然后有针对性地采取进一步措施，力图达到教育目的。

思想政治教育要注意学生求知、多思、求新、好动、爱独立等特点，教育方法要体现思想性、科学性、知识性、趣味性、艺术性、启导性。

思想政治教育最终是要引导学生按社会要求成才，为此，必须用多种方法，从不同角度让学生了解社会讯息，及时跟上时代。

加强学校德育管理，制定出一套相应的办法，特别要总结出一套行之有效的考核办法，促使德育工作更符合科学的要求。

（原载《中学德育大纲设想》，广东教育出版社，1987 年）

高中学生特点及德育目标纲要序列

一、 高中阶段学生特点与阶段德育目标

高中学生一般为 15～18 岁，属于青年早期。也就是说，正处在逐步趋向成熟，独立地走向社会生活的准备时期。他们有着成熟后的独立性和自觉性，但个性倾向还不稳定；由于思维能力的发展，智力"内化"程度的提高，青春期生理的、情感的变化以及意志力的发展，他们呈现出一定的闭锁性，知心话儿只对"知己"谈。由于同社会政治经济环境接触的增加，加上从初中三年级以后就明显地感到有选择生活道路的问题，因而他们的心理特点比初中学生带有更大的社会性，是理想发展和人生观形成的重要阶段。心理学者认为，高中学生的心理面貌还不稳定，可塑性大，仍处在成熟前动荡不稳的时期。他们对幸福、友谊、人生都有所考虑，但一般来说并不了解其实质，片面性大，容易偏激。下面我们也从理想信念、道德品质、作风素质三个方面对高中学生的共同特点进行概括：

1. 理想信念方面

有成才的愿望。学得好的学生固有成才的要求，即使学得差的学生内心也有成才的火种。部分学生还认识到人才的不拘一格性，

注意发展自己的兴趣特长。对善于开拓的人才，学生也很为注意并想认识他的特征。存在的问题是大量学生对成才的道路和目标认识模糊，成才的动力不够完善，许多人对成才缺乏信心。对开拓的内涵往往并不了然，容易用主观片面的看法，去指导自己的开拓行动。对人生价值有了更深的思考，对哲理名言感兴趣，开始设计自己的人生道路，但人生观还处于初始阶段，看法还不够全面，容易受社会杰出人物或榜样人物的影响，向往企业家、科学家类型人才。在政治理想方面，关心国内外大事，有改革社会的理想。由于社会上不正之风的影响，导致一些学生不关心政治，对共产主义理想认识不足。

2．道德品质方面

高中学生在处理人际关系和个人与社会关系上能注意文明礼貌上的一些行为规范。道德品质上突出的一个特点是有实惠思想。他们很注重实际，对否定个人利益的极"左"思想，对离开学生成才发展要求的空洞说教很反感。大量学生由于受历史动乱的后遗症和私有观念、习惯势力的影响，往往把个人利益放在第一位，对集体和国家利益比较淡漠。对此，应注意引导。目前许多学生注意寻找个人利益与集体利益的合理结合点，这是可喜的现象。享受思想增强，劳动观念、艰苦奋斗观念淡薄也是当前高中学生容易出现的一种不好倾向。少数学生还发展至耽于逸乐，追求异性，无心向学。

3．作风素质方面

喜欢在同龄人间开展交际活动和广纳信息，思路比较开阔，但处理信息能力比较弱，片面性较大；喜爱独立自主，有改革求新的精神，但容易忽视师长指导，忽视纪律性；感情用事多，扎实考虑少，往往会把传统中的好东西加以否定；评价别人话语多，自我反省能力弱。

根据以上学生特点和学校德育规格，我们提出高中阶段的德育目标：

（1）理想信念方面：认识人才的多规格性、多层次性；懂得不同条件的学校、不同水平的学生均有成才可能。要把自己成才的理想与正确的社会理想结合起来，懂得按现阶段社会主义共同理想的要求作人生道路设计；相信社会主义必然战胜资本主义，热爱祖国，为振兴中华、建设社会主义立志成才。

（2）道德品质方面：具有社会主义道德观，做到顾全大局，诚实守信，互助友爱，正确对待劳与酬的关系，义和利的关系，民主与法制的关系，纪律与自由的关系，继续发扬尊师守纪守法的精神，自觉维护社会公德；交往健康，友情高尚；注意培养共产主义风格，反对损人利己、损公肥私、欺诈勒索的思想和行为。

（3）作风素质方面：养成胸怀开阔，光明磊落，热爱生活，热爱劳动，独立思考，立足实际，主动创新，虚心学习，艰苦奋斗，自我激励的品质。培养自主、自治、自理、自控、自立的能力和不断进取的意识。

二、 高中各年级学生思想特点与年级德育目标

1. 高中一年级

学生主要特点：

理想信念方面，学生刚刚进入新的较高的学习阶段，都有来个好的新开端的良好愿望，但因所进学校条件的不同从而也心情复杂：有人自豪而有进取心，有人兴奋却目标混乱，也有人自卑而无所作为。由于学生已迈进青年时期，自我意识得到进一步发展，政治课学习，团的知识和社会实践对他们产生了多方面的影响，初三毕业时遇到的矛盾又使他们想到了前途问题和个人与社会关系问题，因而初步产生了社会价值观念。对于高中学生，不仅社会理想教育可以接受，人生观教育也具备了条件。高中一年级是高中思想政治教育能否取得好的效果的关键时期。

道德品质方面，进入高一，同学自各方来，大家都想交些新朋友，结些新知己；对异性同学也较注意；也想争取别人对自己有好的印象；但他们对人际交往的是非标准、审美观念、个人与集体关系的原则等都缺乏全面的认识，容易受社会上各种思潮的影响。

作风素质方面，视学校条件的不同而不同。一、二类学校学生一般学习较勤奋，也有上进心，但许多人艰苦奋斗精神不足，毅力不足，遇困难易沮丧，自我激励能力不强。三、四类学校学生思想较动荡，许多人学习不能稳坐；爱交往而不爱学习；生活信息、商品信息多，科技信息少；部分人有致富思想却少创业精神。

年级德育目标：

中心要求——正确对待人生，激发成才的热情，增强成才的愿望。

具体要求——

理想信念方面：①认识社会主义现代化建设和新技术革命对人才的迫切要求。认识到各行各业都是以质量求生存，以创新求发展的道理，激发为祖国成才的热情和增强成才的决心；②认识成才的全面性、多规格性，增强成才的信心；③正确认识和处理物质生活与精神生活的辩证关系，把生活理想、职业（专业）理想同现阶段我国人民的共同理想结合起来；④关心社会主义建设中的大事，重视集整建设中的信息；⑤掌握科学的学习方法，踏实学好功课，积极参加课外活

动，培养多方面兴趣和才能。

道德品质方面：①正确认识个人与集体，领导与被领导，权利与义务，自由与纪律，民主与集中的关系；②主动关心集体，对集体负责；③主动关心他人，切身处地考虑他人处境，懂得尊重人；④具有公德观念和纪律法制观念，不违纪犯法；⑤自觉参加集体劳动和家务劳动。

作风素质方面：①认识勤奋踏实与开拓创造的辩证关系；②建立勤奋扎实的学风作风，能多方收集信息，具有独立、主动、灵活的学习和处事态度，有一定的逻辑思维能力；③注意仪表大方，重视体现新中国青少年活泼挺拔的精神；④重视个人卫生、青春期卫生，不抽烟，不酗酒，重视体育锻炼；⑤虚心好问，注意别人之长与自己之短，努力学别人之长，补自己之短。

2．高中二年级

学生主要特点：

理想信念方面，学生自我意识大大增强，注意观察社会和人生的问题，不少人有自己的见解，有自己的评价标准。职业（专业）理想与社会理想结合的趋势加强。由于知识经验不足，哲理认识肤浅，他们评价是非往往自觉不自觉地以社会思潮为依据。因而上述两种理想的结合也容易产生方向上的不同。由于学习成绩在高一年级末期已出现了较显著的分野，学习好的学生有一股拼搏精神，学习成绩中下的有一些人出现"定局论"思想并由此而出现松弛。

道德品质方面，学生对集体与个人、公与私、男与女、父与子的关系都会有更强的意识，实惠思想与独立性的考虑比初中生更为明显；社会的影响会使这些考虑朝不同方向分化，而学习上的分野则会促进这个分化过程。同初中年级学生的分化以情感用事成分居多不同，高二学生相对来说较有理智的克制，思想也较隐蔽。无论追求进步或考虑个人得失，都不随便暴露出来。有些人做错了事还会用"道理"去辩护。

作风素质方面，学生易于接受改革的思想和竞争的精神。学习上的分化可能使一些人加强了进取心，而"定局论"的思想则可能使一些人气馁、消沉以至无所作为。

年级德育目标：

中心要求——增强社会理想，具有成才的社会责任感和事业心。

具体要求——

理想信念方面：①能辩证地观察社会，初步懂得本质与现象、主流与支流的差别，并用这种观点去看待国家大事。②继续认识成才的多规格性，懂得分析自己思想上知识能力上的优长短缺，扬长去短，不受"定局论"思想影响，增强成才信心。③认识职业（专业）理想与社会理想的辩证关系，懂得成才不能同社会主义四化背道而驰的道理，在实践上把个人成才的需要同社会需要结合起来。④了解祖国社会主义建设的伟大成就与困难，了解社会主义改革和社会主义商品经济的特点，培养与祖国忧戚与共的感情；认识在纠正不正之风中自己的责任；在努力收集社会信息中锻炼为祖国建设献计献策的能力。⑤在学习各门功课的基础上注意发展自己的爱好特长，力争学有专长，为祖国服务。

道德品质方面：①正确认识公与私、人与己、义与利的辩证关系。②正确认识社会主义商品经济与资本主义商品经济的差别。培养竞争协作精神和服务精神。努力培养先公后私的品德。③能互让互谅，努力培养先人后己的风格。④自觉遵守法纪、维护公德。⑤养成自觉参加劳动的习惯。

作风素质方面：①具有讲求实际、注意效益的学风作风。②培养不怕困难，拼搏上进的学习和处事态度，有一定的辩证思维能力，懂得机动应变。③粗懂文艺欣赏，有健康的审美情趣。④养成个人卫生和环境卫生的好习惯，经常进行体育锻炼。⑤懂得自我激励，自我批评，自我控制。

3. 高中三年级

学生主要特点：

理想信念方面，学生面临高中毕业，升学与就业的选择以及对相应的条件的考虑使他们心情复杂；远大理想与世俗观念都涌入脑际，斗争异常激烈。由于传统习惯势力在相当一段时间内仍将很有力量，学生在面临抉择上往往受其影响，在幸福观荣辱观上会产生这样或那样的问题。但无论谁都在考虑出路前途和如何设计自己。如果在前两年没解决好成才的全面性和定局论的认识问题，这时就可能出现理想信念上的两极分化。

道德品质方面，面临抉择，面临竞争，这是考验学生如何处理人际关系的重要关头。教育不好，个人得失的想法将会增多，只顾自己的想法将会强化，同不正之风接触的机会也会增多，将显得"成熟"与世故，闭锁性也将增强，甚至心口不一。

作风素质方面，在面对尖锐矛盾中，作风素质也将显而易见，广交往，集信息，勤学习，暗竞争都是常见现象。也有人意志消沉，怨天尤人，无所作为，作风素质将受到考验。

年级德育目标：

中心要求——培养创业意识，作献身社会主义四化的人生道路设计，做德、智、体、美、劳全面发展的高中毕业生。

具体要求——

理想信念方面：①认识人民的需要、社会的需要是我们生存发展与创新的源泉，端正升学与就业的指导思想；②把成才的信心转化为结合自己优点、长处的行动规划，试行提出升学或就业后的具体设想；③把生活理想、职业理想和社会理想同所在地以至全国的社会主义建设结合起来，立下造福社会和创业的雄心壮志；④了解有关选择专业和创业发展方向的信息，能用社会主义的要求进行分析，并从中得出结论；⑤学习先进人物创业成功的经验，以拼搏精神搞好中学最后一年的学习，力争成为名副其实的三好毕业生。

道德品质方面：①懂得良好道德与实现理想的辩证关系；②能正确处理个人利益同集体利益、国家利益的关系，小我与大我的关系；③广交朋友，诚信相处，明辨是非，建立高尚情谊；④在遵纪守法、维护公德上做低年级同学的榜样；⑤热爱劳动，自己动手，艰苦奋斗，讲求效益。

作风素质方面：①认识高瞻远瞩的意义，懂得高瞻远瞩与实事求是的关系；②学习和处事有艰苦奋斗、开拓创造的精神，努力锻炼广纳信息和及时应变的能力；③懂得及时作自我全面总结，培养进取精神，具有一定的自主、自治、自控能力和自信心；④在作业、文艺写作、日常生活及各项活动中，努力体现出审美爱美的作风；⑤巩固和加强进入高中以来养成的良好卫生习惯和体育锻炼习惯，懂得健康之道。

（原载《中学德育大纲设想》，广东教育出版社，1987 年）

初、高中学生特点及德育目标纲要序列的说明

一、 关于学生特点

中学德育目标的制定，有两个主要依据：一是我国现阶段的时代特点和时代精神，二是当代高中学生的特点。关于时代特点和时代精神，这是各级学校所共同的，在总纲中我们已经提出并作了阐述，而初、高中学生特点这是属于个性，故把它与初、高中学生的德育目标放在一起。

对分析当代学生的特点，有很多说法。根据在几所试验学校两三年的观察研究，我们认为，分析学生特点首先要明确如下前提：

第一，不能只从现象去看待学生的特点，必须抓住本质的东西，抓住它同"当代"的内在联系。为此，必须首先研究时代的特点，然后看学生最大量的思想倾向是什么，哪些同时代特点的趋向一致。只有那些为多数学生所具有而又同时代特点的趋向一致的思想倾向

和表现，才是当代学生的特点。

第二，学生特点既是动态的，也是静态的。所谓"动态"，是因为时代在发展，中学生的特点也在变。所谓"静态"，是因为时代的阶段特点、阶段任务是相对稳定的，因而学生的思想必然是相对稳定的。我们既要看到它动态的一面，看到新出现的因素对学生的影响，但也得承认它有相对稳定性，否则就无法把当代学生特点概括出来，从而也不能制定阶段的德育目标。与此相连，这里涉及当代与当前的差别。我们认为应着眼于当代，而不是当前。当前是变的，不一定有时代的代表性，而当代学生特点则是同现时代特点联系起来的，有相对的稳定性。

第三，分析学生特点要注意矛盾分析。既要看到学生符合时代要求的、主导的、发展的一面，但也不要忽略与此相对立的矛盾的另一方面，以便头脑清醒地扶持、推进积极面，克服、纠正消极面。

我们就是根据以上前提去分析学生特点的。根据时代要求，要充分肯定当代学生的想成才、求新知、讲效益、求实惠、爱独立、显才能、信息灵、多思考，以及爱劳动、想生活丰富多彩等思想特点，与此同时也提出了其相对应矛盾的另一面，以便使教师知道教育应着眼于什么。

如何去概括当代高中生的特点，学术界也有不少提法。如上述的想成才，求新知等也是提法之一。但为了同制定德育目标紧密结合，我们采用对应德育目标结构三个方面去归纳、分析，我们认为这可能对教师理解德育目标会好一些。

分析学生特点时，我们把它分为两个层次：一是初中或高中阶段的共性的内容，二是各个年级的个性的内容。这是为了方便工作又注意到年级特点的交叉，减少片面性。在了解各年级学生特点时一定要把两个层次都结合起来。

二、 关于德育目标

（一）关于德育目标结构方面

为什么把德育目标结构分为现在的三个部分？我们的根据是：首先，这三个部分的结构是反映人同自然及社会发生关系时所产生的思想行为的根本类别的归纳。理想信念是反映人们怎样看待世界，看待人生，包括世界观、社会观、人生观。道德品质是反映人们如何处理人们之间的关系，个人与社会、个人与集体之间的关系。作风素质是反映个人在处理前二者过程中领会到个人的意志性格以及自我教育等方面要有什么修养。我们的德育目标结构就是这样相应得来的。其次，我们从时代精神及走在时代前沿的当代先进人物的思想品德分析中所看到的，基本上也属这三方面的范畴。

（二）关于德育目标的中心序列问题

我们认为必须把握住每个年级德育目标的主要矛盾。这个主要矛盾就是各个年级学生思想进步的最关键而又具有普遍性的地方，以之带动各年级德育目标结构的三个部分，取得全面的进步。在考虑这个主要矛盾的时候，我们根据试验的情况，抓住两个方面：一是远大理想，二是成才抱负。实践证明，前者是集中反映了社会发展规律对学生的根本要求，后者是集中反映了学校育人的根本任务。把这两个方面结合起来去分析各年级学生的主要矛盾，既能反映时代的精神又符合学校的特点。

各年级学生思想进步的主要矛盾是什么？根据我们调查研究的结果，有这样的认识：

初中一年级主要是加强集体观念，养成良好学风和培养起初步独立学习、独立生活能力问题。只有解决这个矛盾才能从思想上、学习上解决小学和初中的衔接，才能适应初中的生活和尽量防止到初二时可能出现的大量掉队的现象。

初中二年级主要是正确认识进入青春期自身生理上初步成熟的情况，奋发向上，防止思想上、学习上往不好方面变化。只有解决这个矛盾，才能避免青春期可能出现的不良走向，才能使学生全面、健康地成长。

初中三年级主要是适应社会要求，立志为社会主义服务，为人民服务问题。解决了这个矛盾，一颗红心多种准备才能实现，学生进入社会后也会有所作为。

根据这样的思路，我们又找出了高中一年级到高中三年级的主要矛盾分别为：①正确认识人生，激发成才热情，增强成才愿望；②增强社会理想，具有成才的社会责任感和事业心；③培养创业意识，作献身社会主义四化的人生道路设计，做德、智、体、美全面发展的毕业生。

在这里，各个年级的中心德育目标是形成序列的，从初中一年级到高中三年级的中心要求，都是结合学生的心理发展循序渐进，远大理想和成才抱负的要求逐步提高，同时又照顾到初中阶段和高中阶段的相对独立性，既考虑到两个阶段都有学生进入社会工作又有学生继续升学的社会现实。

（三）关于年级德育目标中心要求带起具体要求（或迁移至具体要求）问题

年级中心要求是该年级德育目标的"衣领"部分，把它特别列出来，是希望教师把握它而带动全面。我们所制定的每个年级德育目标的三个组成部分的内容，都是依据这个中心要求去安排的，也以此体现该年级德育目标的内部联系和整体性。我们希望教师研究它们之间的联系，自觉实现中心要求向德育目标结构三个组成部分迁移。有的具体要求体现中心要求是比较直接的，用中心要求带起它并不困难，如初中二年级，在道德品质中提取"培养高尚友情"，在作风素质中提到"自尊、自爱、自强"等，都是直接体现初中二年级中心要求关于正确认识进入青春期自身生理上初步成熟的情况，奋发向上，防止思想上、学习上往不好方面变化。又如，高中二年级理想信念中的1、3、4、5条和道德品质中的1、2、4条等，都是直接体现"增强社会理想，具有成才的社会责任感和事业心"这一中心要求的。但也有一些具体要求，从文字上不一定能直接看到它同中心要求的联系，比如初中二年级在理想信念中的第1、2项之类，高中二年级理想信念中的第2项之类，对于这些，就得靠"道德迁移"去解决了。比如对初中二年级学生，就可以根据他们进入青春期的特点，有"成熟"感的意识，引导他们迈好青春的第一步，从而迁移到把青春奉献给祖国，以先进人物青春年代的英雄气概要求自己，这样该年级理想信念中的第1、2项就带起来了。同样，高中二年级学生如果建立起成才的责任感和事业心，就可激发他们破除定局论的思想影响，增强成才的信心。

有一些要求，如高中一年级作风素质方面提出的"注意仪表大方""注意个人卫生"等，似乎从该年级中心要求（"正确对待人生，激发成才愿望"）很难迁移，其实不然，只要启发得当，使学生认识成才者应有成才者的风貌，上述要求就很自然地从中心要求迁移过来。

（四）关于德育目标中的知、情、意、行统一问题

德育目标的要求，当然要体现知、情、意、行的统一。在每个年级的总体要求中，我们也体现了这个统一的精神，即既有提高认识的着眼点，又有激发感情的要求，还有行动上的落实之点。相应之处，也有意志毅力的目标。但对知、情、意、行的统一，不能机械地理解，好像每一条都要开列出知、情、意、行的因素。其实，一些条文是各有侧重的，比如"重视体育锻炼"，这是侧重于行；正确认识"个人与集体，领导与被领导，权利与义务，民主与集中的关系"这是侧重于知；"爱校，爱乡，爱国"是侧重于情，"拼搏精神"是侧重于意。所以不能生硬地一刀切地都提出四个方面的要求。但是，作为年级的中心目标，则一定要在贯彻过程中体现四者的统一。

（五）关于德育目标与学生守则的关系问题

《中学生守则》是中学生的德育行为规范，也是中学德育的目标的体现。它简明扼要，有利于执行，在相当一段时间里起了很好的作用。"守则"规定了中学德育行为规范的一般性，与我们所提的德育目标是一致的。关于德育目标与中学思想政治课教学要求的一致性问题。中学德育大纲是整个中学阶段思想政治教育的纲领。思想政治课，如果作为中学思想政治教育工作的一部分，它是实现德育纲领组成力量的一部分，是要服从德育大纲的要求的。但是思想政治课作为一门课程，它又有智育的任务，这又不是从属于德育大纲的范围。而且，当前无论德育大纲或思想政治课都处在试验改革的过程中，所以只能要求彼此参照，协调一致。出于这样的考虑，我们在制定德育目标时，在初中一年级注意同道德修养课和公民课一致，在初中二年级注意同情操法制课一致，在初中三年级同发展史与社会主义建设常识课一致，高中一至高中三，相应同人生观课、经济常识课、政治常识课一致。我们希望思想政治课教师大力发挥这一门课在实现德育目标中的作用。

（六）关于德育目标各项要求是否程度恰当问题

考虑到各地发展的不平衡和学校间的条件不一样，我们定出的德育目标都是一些最基本的要求，而且在用词上也体现一定的灵活性，如提"培养……品德""学习……精神""有一定的……能力"等等。至于其中达到什么水平则让学校

根据条件去确定。有一些属于必须具备的品质，目前在一些地方和学校的一部分学生中可能不容易达到，如"热爱劳动""热心公益""在维护公德上做低年级同学的榜样"等等。但只要认定这是新一代中学毕业生所必不可少的，而目前又有实现可能的，我们还是把它列上。这里得让老师多花点力气了。

（原载《中学德育大纲设想》，广东教育出版社，1987 年）

附　录

李锡槐先生著作目录

1. 篇目前有△者，均已收入（或部分收入）本论著选。
2. 篇目排列按类别、以发表或出版时间为序。

篇名或书名	刊名或出版机构	发表或出版时间
专著		
教育基本理论研究	广东高等教育出版社	1985 年
△中学德育大纲设想	广东教育出版社	1987 年
开创中学德育新格局	福建出版社	1989 年
中学德育大纲的实施	福建出版社	1989 年
△新时期德育的认识与实践	广东教育出版社	1990 年
教育哲学·道德论与教育（合作）（《教育大辞典》）	上海教育出版社	1992 年
△社会理想教育新探（合著）	暨南大学出版社	1994 年
发表的论文		
国外教育改革的趋势（合作）	人民教育	1979 年
试论现阶段中学生的思想矛盾与教育（合作，收入《加强青少年的思想品德教育》）	人民教育出版社	1980 年

续上表

篇名或书名	刊名或出版机构	发表或出版时间
激发学生的责任感与事业心	光明日报	1981 年 2 月 9 日
△中小学理想教育浅识	教育研究	1981 年
△加强中小学理想教育的科学性	华南师院学报（哲学社会科学版）	1981 年
教育哲学教学大纲	华南师范学院建校三十周年专刊	1981 年
△学生的理想结构与共产主义理想教育	华南师范大学学报（社会科学版）	1983 年
以时代精神塑造学生的心灵	教育论丛	1984 年
具有战略意义的教育工作指导思想	教育论丛	1984 年
△三个面向与开放地区的德育（收入《三个面向与教育改革》）	教育科学出版社	1985 年
学校德育的任务与内容（载《教育学》）	广东教育出版社	1985 年
制定学校德育大纲的认识	华南师范大学与香港中文大学教育学院主办的国际教育研讨会论文集《教育理论与技术论丛》（摘要）	1986 年
△商品经济与开拓型学生思想素质	光明日报	1985 年 5 月 24 日
△时代·时代精神与学校德育改革（载《深圳特区教育研究》）	武汉大学出版社	1985 年
我国教育科研的历史发展与当前特点（合作）	教育论丛	1981 年
教育哲学（学科价值）	高教探索	1986 年
要正确对待后进生、双差生	广东教育	1986 年
人才·德育·教育思想（收入《中小学思想政治教育改革》）	吉林教育出版社	1987 年
△深化学校德育改革的几个问题	教育论丛	1988 年
商品经济与学校德育思路与对策	教育创新	1988 年
△思路与对策——关于商品经济与学校德育的思考	教育研究	1989 年

续上表

篇名或书名	刊名或出版机构	发表或出版时间
从多角度研究德育问题	教育创新	1989 年
对珠江三角洲学校德育的一点思路	师道	1990 年
△在中西文化交流选择中加强学校德育	中国教育专刊	1990 年
当代中学生心态与价值观念的探讨（合作）	教育论丛	1991 年
学校德育管理手册	广东教育出版社	1989 年
日本学校德育考察报告	教育论丛	1991 年
日本学校德育的启示	深圳特区教育	1991 年
香港中学德育探讨（合作）	华南师范大学学报（社会科学版）	1991 年
香港中小学德育浅识（合作，载《八国两地区德育比较》）	福建出版社	1992 年
△现代化·现代人与传统文化教育	教育研究与实验	1991 年
德育方法若干问题	广州教育	1992 年
△民族精神与现代公民教育	教育论丛	1993 年
《当代西方学习道德教育（冯增俊著）》序	广东教育出版社	1993 年

译述或译文

第三世界的电化教学	新教育	1978 年
英国理科教学的发展	新教育	1978 年
罗马尼亚高等教育发展的基本方向	新教育	1978 年
以电化教育代替正规学校的试验——一种"没有校舍的学校"	现代化的教学手段	1980 年
英国萨塞克斯大学理科专业在欧洲的大学授课一年	外国教育动态（华南师范大学）	1978 年
英国国会图书馆的自动化服务平台	外国教育动态（华南师范大学）	1979 年
逐步揭穿核物理的秘密	外国教育动态（华南师范大学）	1979 年
英国大抓恢复基础教育	外国教育动态（华南师范大学）	1979 年